八五普法 · 生活中的法律常识系列

民法典婚姻继承法律常识小全书

案例自测实用版

全民普法图书中心◎著

中国法制出版社
CHINA LEGAL PUBLISHING HOUSE

出版说明

2020年12月，中共中央印发了《法治社会建设实施纲要(2020—2025年)》，由此，我国的普法工作迈进了第八个普法阶段。回首过去，我国的普法工作取得了很高的成就，有序的社会秩序、坚定的法治信仰在社会生活中落根繁衍，人们的法律意识日益增强，大家学习法律的热情也愈加高涨。特别是，随着《中华人民共和国民法典》《中华人民共和国刑法修正案（十一）》等重要法律法规的出台，许多与我们的生活密切相关的法律条文发生了变化。了解法律，学习法律，运用法律，势在必行。

在此，为了帮助大家学习法律知识，我们特别推出了一套《生活中的法律常识系列》。下面，我们一起来看看本套书的主要特色：

第一，内容广泛，分类科学。本套书的分册涉及物权、合同、抵押、婚姻继承、劳动、劳动合同、犯罪、道路交通、医疗、日常维权等多个领域，能充分满足大众学习法律知识的需求。并且，每个分册涉及法律知识门类专一，可以有效满足群众针对性学习法律知识的需要。

第二，以案说法，通俗易懂。众所周知，法律条文本身存在一定的晦涩难懂性，特别是对于一些法律术语，很多人不知其中含义，由此给大家的自学法律之路造成了一定的障碍。而对于法律普及工作而言，让读者看得进、想得通、搞得懂，是我们工作的价值所在。因此，本套书采用了以案说法、情景带入式的普法方式，让人们在案例故事及后续分析中感受法律的内涵，汲取法律的智慧。

第三，贴近实际，学以致用。法律是调控社会的工具之一。作为大众读者，我们学习法律的目的不外乎懂法、知权、维权、预防和解决纠纷等。那么，我们学习法律知识，阅读法律书籍就不能走马观花，一带而过，而是要进行深入的思考和领会。为此，我们在每一个案例分析后面，对应加入了“自测小题”板块，从而可以更好地让大家检验和巩固学习效果，达到学以致用的目的。

当然，本套书的更多内容和特色还需要大家品味之后才能一一领会。在此，我们也诚邀各位读者多提出批评与建议。

党的十九大把法治社会基本建成确立为到2035年基本实现社会主义现代化的重要目标之一。普法工作意义重大、任重道远。希望你我都能在普法大潮中乘风破浪，勇往直前。衷心希望本套书能成为各位学习法律的得力助手。

目 录

第一章
婚姻的效力

未到法定结婚年龄可以登记结婚吗?

案例实录

小强和小丽从小青梅竹马，由于两个人学习不好，因此到初中毕业，他们就不上学了。等他们长大一点儿，家里开始商量结婚的事情。但是，小强才刚满21周岁，小丽也不到19周岁。有亲戚说两个孩子还没到法定婚龄，小强和小丽觉得双方是真心相爱，没有什么可以阻止他们结婚。于是，他们便挑了个良辰吉日带着身份证和户口本去民政局登记。但是，民政局的工作人员称他们不符合结婚年龄，拒绝为他们办理婚姻登记。请问民政局的做法正确吗?

律师分析

达到法定婚龄是男女双方结婚的必备条件之一，如果任何一方未达到或双方均未达到法定婚龄，则即使其骗取了结婚证，婚姻也是无效的。婚姻登记机关或法院一经发现，就会宣布该婚姻无效，由婚姻登记机关收回骗取的结婚证。

毫无疑问，民政局拒绝给两个人办理结婚登记的做法是正确的。小强刚满21周岁，距离“男不得早于二十二周岁”的规定还差1周岁；同样地，小丽不到19周岁，也不符合“女不得早于二十周岁”的规定。所以，民政局拒绝他们婚姻登记请求的做法是正确的。

总之，结婚必须达到法定婚龄。《民法典》婚姻编关于法定婚姻的规定具有强制力，要求结婚的男女双方必须遵守，任何一方没有达到法定婚龄的，不得结婚。最低法定婚龄是划分无效婚姻与有效婚姻的年龄界限，未达到法定婚龄而申请结婚登记的，婚姻登记机关不予登记。即使当事人谎报年龄骗取登记，一经查实，这种婚姻也属于无效婚姻。

法条链接

《中华人民共和国民法典》

第一千零四十七条　结婚年龄，男不得早于二十二周岁，女不得早于二十周岁。

第一千零五十一条　有下列情形之一的，婚姻无效：

（一）重婚；

（二）有禁止结婚的亲属关系；

（三）未到法定婚龄。

温馨提示

所谓法定婚龄是指法律上规定的男女可以结婚的最低年龄。根据法律规定，男性不得在22周岁之前结婚，女性不得在20周岁之前结婚。只有达到法定结婚年龄才能结婚，否则无法缔结有效的婚姻关系。这里的周岁指的是按公元纪年法计算的周岁。比如张某（男）是1997年6月1日出生的，那么过了2019年6月2

日0点，他就满22周岁了，即从2019年6月2日起，他就可以去办理结婚登记了。

自测小题

选择：丽丽和王勇从小相识，在丽丽高中毕业后两个人开始恋爱。丽丽19周岁的时候，已经工作的王勇向丽丽求婚，然后他们去民政局办理婚姻登记，因丽丽未满20周岁被拒。之后，丽丽和王勇公开办了酒席，并以夫妻名义共同生活，然后在丽丽满20周岁的第二天办理了结婚登记。结婚3年后，丽丽发现王勇出轨，非常失望，想以自己与王勇办婚礼时没有达到法定婚龄为由向人民法院申请宣告婚姻无效，丽丽的诉求能否得到法院支持?[①]（　）

A. 丽丽与王勇的婚姻无效，丽丽的诉求能得到法院支持

B. 丽丽与王勇的婚姻有效，丽丽的诉求不能得到法院支持

C. 丽丽与王勇的婚姻可撤销，丽丽的诉求不能得到法院支持

表兄妹可以登记结婚吗?

案例实录

廖某与田某是表兄妹，两个人自幼感情很好。现在两个人已经达到法定结婚年龄，由于他们彼此相爱，双方的父母也愿意亲上加亲，于是他们到婚姻登记机关办理婚姻登记。婚姻登记机关

---

① 解答：B。

的工作人员得知他们是表兄妹后，拒绝为他们办理婚姻登记。请问婚姻登记机关的做法合法吗？

律师分析

婚姻登记机关的拒绝是合法的。禁止血亲结婚是优生的要求。血亲主要指出于同一祖先、有血缘关系的亲属，即自然血亲；也包括法律拟制的血亲，即虽无血缘关系，但法律确认其与自然血亲有同等的权利义务的亲属，比如养父母与养子女，继父母与受其抚养教育的继子女。直系血亲，包括父母子女间，祖父母、外祖父母与孙子女、外孙子女间。三代以内的旁系血亲包括：（1）同源于父母的兄弟姊妹（含同父异母、同母异父的兄弟姊妹）。即同一父母的子女之间不能结婚。（2）不同辈的叔、伯、姑、舅、姨与侄（女）、甥（女）。

人类两性关系的发展证明，血缘过近的亲属间通婚，容易把双方生理上的缺陷遗传给后代，影响家庭幸福。而没有血缘亲属关系的氏族之间的婚姻，能生育出在体质上和智力上都更加健康的人。因此，各国法律都禁止一定范围内的血亲结婚。根据《民法典》的规定，直系血亲与三代以内的旁系血亲不能结婚。廖某与田某是表兄妹，属于三代以内的旁系血亲，因此他们不能结婚。

法条链接

《中华人民共和国民法典》

第一千零四十八条　直系血亲或者三代以内的旁系血亲禁止结婚。

温馨提示

男女双方形成婚姻关系应当具备一定的形式要件和实质要件。结婚的形式要件也称为结婚的程序，是指婚姻关系缔结的必经手续。在我国，婚姻成立必须到法定婚姻登记机关进行登记。婚姻成立还应当具备一定的实质要件，即男女双方自身的状况及其相互之间的关系均符合法律规定的可以确立婚姻关系的条件。在我国，男女双方成立婚姻的实质要件包括：一是双方完全自愿；二是男不得早于22周岁，女不得早于20周岁；三是双方不存在直系血亲或者三代以内旁系血亲的关系；四是符合一夫一妻制。

自测小题

选择：赵阿姨的儿子赵某与以下哪位人士缔结的婚姻受我国法律保护？①（　）

A. 赵阿姨亲哥哥的亲生女儿

B. 没有与赵阿姨形成抚养教育关系的继女

C. 赵某所在男子篮球队的队长

举行了结婚仪式却未登记的婚姻有效吗？

案例实录

去年，蔡某与同村小伙金某在双方家长的主持下举行了结婚典礼。村子里有许多亲朋好友前来到贺。事后，村子里的人都认

① 解答：B。

为他们是合法夫妻。不久前，蔡某怀孕，办理计划生育证的时候，工作人员才得知她没有进行结婚登记。请问结婚一定要办理登记手续吗？没有登记但举行了婚礼的婚姻有效吗？

律师分析

按照我国传统的结婚习俗，举办了婚宴邀请亲朋好友参加，周围的亲戚朋友就会认为两人是夫妻了，但法律对结婚是否一定要举行婚礼未作规定，举办仪式与缔结婚姻关系是没有关系的。根据《民法典》第一千零四十九条的规定，在我国，实行婚姻登记制度，进行登记是使婚姻合法有效的必经程序，因此，结婚必须依法办理结婚登记，不能以举行仪式作为婚姻成立的标志，更不能以仪式代替登记。对于符合法定的结婚条件，举行结婚仪式而未办理结婚登记的，应当按照《民法典》的要求补办结婚登记，从而得到法律上的承认和保护。

法条链接

《中华人民共和国民法典》

第一千零四十九条　要求结婚的男女双方应当亲自到婚姻登记机关申请结婚登记。符合本法规定的，予以登记，发给结婚证。完成结婚登记，即确立婚姻关系。未办理结婚登记的，应当补办登记。

温馨提示

结婚登记是结婚的必经程序。现实生活中，在某些地区，人们还习惯于将举行仪式等同于登记结婚，导致没有登记结婚的男女可能也被公众认定为合法夫妻。因此，需要提醒大家注意的是，订婚、婚宴、举行仪式不是我国法律规定的必经过程，这些行为不受法律保护。单纯的订婚、婚约或举办仪式不代表缔结婚姻关系，只有到婚姻登记机关进行登记的婚姻关系，才能得到法律的保护。

自测小题

选择：结婚的效力包括①(　)

A. 女方可以成为男方家庭的成员，男方可以成为女方家庭的成员

B. 男女双方互有扶养义务

C. 男女双方互有继承遗产的权利

已经结婚，又与网友登记结婚的婚姻关系有效吗？

案例实录

秦某结婚多年一直赋闲在家，后来迷恋上网友刘某，两人很快陷入爱河。去年，秦某瞒着丈夫蓝某，前往刘某所在的城市与其登记结婚。两周前，蓝某得知此事，于是向法院申请宣告秦某与刘某的婚姻无效。请问秦某与刘某的婚姻有效吗？

律师分析

秦某与刘某的婚姻无效。《民法典》第一千零五十一条对婚姻无效的情形作了列举性规定，其中第一项就是重婚。所谓重婚

---

① 解答：ABC。

是指有配偶而又与他人结婚，或明知他人有配偶而与之结婚的行为。有配偶是指男人有妻子、女人有丈夫，而且这种夫妻关系未经法律程序解除尚存续；如果夫妻关系已经解除，或者因配偶一方死亡夫妻关系自然消失，即不再是有配偶的人。所谓“又与他人结婚”，包括登记结婚的和虽未经婚姻登记但以夫妻名义同居生活的。所谓“明知他人有配偶而与之结婚的”，是指本人虽无配偶，但明知对方有配偶，仍与之结婚的（包括登记结婚或者未经婚姻登记以夫妻名义同居生活）。无论是通过登记而构成的法律上的重婚，还是通过与他人以夫妻名义关系同居生活而构成的事实婚姻，这种婚姻关系均属无效。秦某在与蓝某已经登记结婚的情况下，又与刘某再次登记结婚，构成重婚，此婚姻不具有法律效力。

法条链接

《中华人民共和国民法典》

第一千零五十一条　有下列情形之一的，婚姻无效：

（一）重婚；

（二）有禁止结婚的亲属关系；

（三）未到法定婚龄。

温馨提示

无效婚姻，是指欠缺婚姻成立的法定条件而不发生法律效力的男女两性的结合。我国之所以规定以上几种情形属于无效婚姻，是因为这几种情形违背了我国的婚姻制度。重婚是与我国确立的一夫一妻制相违背的。

自测小题

判断：明知他人有配偶而与之结婚的人，只需要遭受道德上的谴责，法律拿他们没办法。该说法是否正确？[1]（ ）

受胁迫的婚姻可以向法院请求撤销吗？

案例实录

孙某与女朋友周某交往了4年，正当孙某以为两人即将结婚，并开始着手准备婚礼时，周某突然以性格不合为由提出分手。情急之下，孙某威胁周某与其结婚，声称如果周某不答应，就杀她全家。周某在胁迫之下，无奈与孙某结婚。婚后，周某无法忍受孙某的折磨，请求法院撤销其与孙某的婚姻关系。法院会支持吗？

律师分析

法院会受理并支持周某的诉讼请求。婚姻自由是《民法典》婚姻家庭编的一个基本原则，也是宪法赋予公民的基本权利。我国实行婚姻自由、男女平等的婚姻制度，结婚必须男女双方完全自愿，不允许任何一方对他方加以强迫或任何第三者加以干涉。根据《民法典》第一千零五十二条的规定，受胁迫而结婚是可撤销婚姻的法定情形。本案中，周某是因为受到胁迫而与孙某结婚的，符合《民法典》规定的法定情节，法院会受理并支持周某的请求，作出撤销婚姻的判决，保护周某的合法权益。

---

① 解答：错误。

法条链接

《中华人民共和国民法典》

第一千零五十二条　因胁迫结婚的，受胁迫的一方可以向人民法院请求撤销婚姻。

请求撤销婚姻的，应当自胁迫行为终止之日起一年内提出。

被非法限制人身自由的当事人请求撤销婚姻的，应当自恢复人身自由之日起一年内提出。

温馨提示

可撤销婚姻，是指当事人因意思表示不真实而成立的婚姻，或者当事人成立的婚姻在结婚的要件上有欠缺，通过有撤销权的当事人行使撤销权，使已经发生法律效力的婚姻关系失去法律效力。胁迫婚姻违反了结婚须男女双方完全自愿的原则，因此法律规定属于可撤销的婚姻。有权提出撤销婚姻效力的申请人只能是受胁迫方，因为受胁迫方在缔结婚姻关系时，不能真实地表达自己的意愿。受胁迫方要行使自己的撤销权必须在法定的期限内行使，如果超过法定期限，则受胁迫方的撤销权消失。该法定期限为：受胁迫方撤销婚姻的请求，应当自胁迫行为终止之日起一年内提出。被非法限制人身自由的当事人请求撤销婚姻的，应当自恢复人身自由之日起一年内提出。

自测小题

选择：以下哪些情形，构成因胁迫而结婚?[1]（　）

---

[1] 解答：ABC。

A. 张某称：如果李某不与他结婚，就要散播她在重要升学考试时作弊的消息，李某顾及自己的声誉，不得不与之结婚

B. 黄某为与赵某结婚，不惜以自杀相逼并作出自杀行为，赵某无奈之下与黄某结婚

C. 方某称：如果宋某不与自己结婚，就不救治她的奶奶，宋某被逼无奈，只能与他结婚

复婚必须办理复婚登记手续吗?

案例实录

几个月前，张某与钱某夫妻二人在民政局办理了离婚手续。离婚后，各自生活的二人在经过一段时间的考虑后，觉得对彼此还有感觉，于是二人又在一起生活，但没有办理复婚手续。那么，这样的婚姻有法律效力吗?

律师分析

夫妻离婚以后，夫妻关系已经不存在。复婚，从另一个角度来说就是再次结婚，因此，婚姻关系的再次确立仍然需要双方根据《民法典》第一千零八十三条的规定，必须重新到婚姻登记机关进行结婚登记，夫妻关系并不会因曾经有过婚姻关系就通过结婚仪式或同居生活加以确立。据此可知，男女双方不到婚姻登记机关进行复婚登记，二人的婚姻关系在法律上是不能自行恢复的。所以，如果张某与钱某未办理复婚手续，他们的婚姻是没有法律效力的。

法条链接

《中华人民共和国民法典》

第一千零八十三条　离婚后，男女双方自愿恢复婚姻关系的，应当到婚姻登记机关重新进行结婚登记。

温馨提示

复婚是指已离婚的男女双方自愿恢复夫妻关系，到婚姻登记机关办理登记手续，重新确立婚姻关系的行为。复婚就本质而言是再一次结婚，是一种法律行为，如果男女双方离婚后又自愿要求恢复夫妻关系，说明双方的感情并未完全破裂，或造成离婚的原因已经消除。复婚必须经过法定的程序，双方到婚姻登记机关办理登记手续，夫妻关系才算合法确立。否则，当事人双方不进行复婚登记，私下同居，不能取得合法的夫妻身份，也不能受到法律的保护。

自测小题

选择：常某结婚后外出打工，数十年未归。几年前，人民法院根据常某妻子左某的申请依法宣告常某死亡。上个月，常某“死而复活”回到家乡。如果常某和左某仍然有意维持夫妻关系，是否需要重新办理结婚登记?①（　）

A. 常某可以向人民法院申请撤销死亡宣告，之后他与左某的婚姻关系将自行恢复，不必重新办理结婚登记

① 解答：A。

B. 即使人民法院撤销对常某的死亡宣告，常某和左某也需要重新办理结婚登记

C. 常某并未死亡，其与左某的婚姻关系一直存续且有效，不必重新办理结婚登记

结婚登记有瑕疵，可以请求人民法院撤销结婚登记吗？

案例实录

去年，刘某与张某按照农村习俗举行了结婚仪式，之后两人补办了结婚证。后来，两人感情破裂，刘某到法院起诉与张某离婚，其声称虽然与张某领取了结婚证书，但当时两人都没有到民政部门履行结婚登记等相关法律手续，结婚证是托关系办的。而且，在领取的结婚证上，男方的姓名为张某某，记载的身份证号也与张某的身份证号不一致，两者的出生年月相差一年以上。因此，刘某认为二人的结婚登记无效，要求撤销结婚登记。请问人民法院会支持刘某的诉讼请求吗？

律师分析

在过去的很长一段时间里，对于当事人以结婚登记存在瑕疵为由起诉离婚的，人民法院是否应该受理，没有明确的规定，法院的审理也各不相同。当事人没有到民政部门办理结婚登记，也没有签字履行相关手续，结婚证上的名字和身份证号与本人不符。在这种情况下，当事人起诉离婚能否得到法院支持？按照有关规定，婚姻当事人未亲自到场、由他人代为办理登记，以及一方以虚假身份领

取结婚证而并非婚姻当事人的，属于婚姻登记过程中有瑕疵的行为。根据《最高人民法院关于适用〈中华人民共和国民法典〉婚姻家庭编的解释（一）》（以下简称《民法典婚姻家庭编解释（一）》）第十七条的规定，对因婚姻登记中的瑕疵引起的婚姻关系纠纷，不属于人民法院民事诉讼的受理范围，刘某可以依法申请行政复议或者提起行政诉讼。

法条链接

《中华人民共和国民法典》

第一千零五十一条　有下列情形之一的，婚姻无效：

（一）重婚；

（二）有禁止结婚的亲属关系；

（三）未到法定婚龄。

《最高人民法院关于适用〈中华人民共和国民法典〉婚姻家庭编的解释（一）》

第十七条　当事人以民法典第一千零五十一条规定的三种无效婚姻以外的情形请求确认婚姻无效的，人民法院应当判决驳回当事人的诉讼请求。

当事人以结婚登记程序存在瑕疵为由提起民事诉讼，主张撤销结婚登记的，告知其可以依法申请行政复议或者提起行政诉讼。

温馨提示

现实生活中，时有当事人以结婚登记程序存在瑕疵为由申请法院宣告婚姻无效的情况。比如，当事人未亲自到场办理结婚登记、借用或冒用他人身份、当事人提交的婚姻登记材料有瑕疵等。当婚姻登记程序存在瑕疵时，如果同时欠缺结婚的实质要件，依照《民法典》关于婚姻无效的规定，可以被人民法院宣告无效，但仅以婚姻登记中的瑕疵申请宣告婚姻无效的，只要不符合《民法典》第一千零五十一条中关于婚姻无效的三种规定情形之一的，法院只能判决驳回当事人的申请。当事人以结婚登记程序存在瑕疵为由提起民事诉讼，主张撤销结婚登记的，告知其可以依法申请行政复议或者提起行政诉讼，而非通过民事诉讼宣告婚姻无效。

自测小题

选择：根据《民法典》的规定，下列哪些情形会导致婚姻无效？[①]（　）

A. 一方当事人重婚

B. 夫妻之间实为表兄弟姐妹

C. 婚姻当事人有一方或双方未到法定婚龄

D. 一方当事人在婚姻关系存续期间与他人通奸或姘居

母亲可以代女儿申请宣告婚姻无效吗？

案例实录

吴某所在的村子地处偏远，也比较落后。附近的村子里有一个光棍王某平日好吃懒做，为非作歹，无人敢惹。一次，王某偶然见到吴某长得很漂亮，便想娶她为妻。吴某不同意，王某便三

① 解答：ABC。

天两头到吴某家里闹事，搅得吴家无法生活。被逼无奈，为了家人的安宁，吴某只好与王某结婚。婚后，王某恶习不改，经常打骂吴某，吴某有苦难言。吴某的母亲见女儿处境艰难，便向法院申请撤销王某与女儿的婚姻。

律师分析

父母不能代替子女申请撤销婚姻关系。《民法典婚姻家庭编解释（一）》第十八条第二款规定："因受胁迫而请求撤销婚姻的，只能是受胁迫一方的婚姻关系当事人本人。"所以，除了婚姻关系当事人之外，其他人包括父母都不能代替其申请撤销婚姻关系。虽然受胁迫的婚姻违反了男女双方完全自愿的原则，是违法婚姻，受胁迫方在缔结婚姻关系时，不能真实表达自己的意愿，婚姻关系违背受胁迫方的意志。但为了贯彻婚姻自由的基本原则，保护当事人的合法权益，让受胁迫方充分表达自己的婚姻意志，《民法典》规定，尽管胁迫的婚姻已经成立，但是受胁迫方仍可以在胁迫的婚姻成立后向人民法院提出撤销其婚姻效力的申请。法律将撤销婚姻的权利授予受胁迫者本人，也是出于这方面的考虑。所以，本案中吴某的母亲不能代女儿向法院申请撤销婚姻，只能由吴某自己做出决定。

法条链接

《中华人民共和国民法典》

第一千零五十二条　因胁迫结婚的，受胁迫的一方可以向人民法院请求撤销婚姻。

请求撤销婚姻的，应当自胁迫行为终止之日起一年内提出。

被非法限制人身自由的当事人请求撤销婚姻的，应当自恢复人身自由之日起一年内提出。

《最高人民法院关于适用〈中华人民共和国民法典〉婚姻家庭编的解释（一）》

第十八条　行为人以给另一方当事人或者其近亲属的生命、身体、健康、名誉、财产等方面造成损害为要挟，迫使另一方当事人违背真实意愿结婚的，可以认定为民法典第一千零五十二条所称的“胁迫”。

因受胁迫而请求撤销婚姻的，只能是受胁迫一方的婚姻关系当事人本人。

温馨提示

可撤销婚姻，是指当事人因意思表示不真实而成立的婚姻，或者当事人成立的婚姻欠缺法定的结婚要件，通过依法享有撤销权的当事人在法定期限内行使撤销权，使已经发生法律效力的婚姻关系失去法律效力。尽管受胁迫者包括婚姻当事人本人及其近亲属，但因胁迫而结婚的，违背的主要是受胁迫的婚姻关系当事人的意愿，损害的是婚姻关系当事人的个人利益，与无效婚姻在程度和范围上对其亲友和社会各方面的影响也都有所不同，因此，受胁迫而请求撤销婚姻的，只能由受胁迫一方的婚姻当事人本人提出，其近亲属及其他组织和个人均无权提出。

自测小题

选择：尚某受黄某胁迫而与之结婚，婚后，尚某一直被黄某关在家中的小阁楼里。一年后，尚某被家人救出，如果她想解除

与黄某的婚姻关系，可以选择的方法是①(　)

A. 向婚姻登记机关申请宣告婚姻无效

B. 向婚姻登记机关申请撤销婚姻

C. 向人民法院申请宣告婚姻无效

D. 向人民法院申请撤销婚姻

未到法定婚龄登记结婚，年龄合法后又以此申请宣告婚姻无效，法院会支持该请求吗?

案例实录

两年前，19岁的王某与刘某自愿到婚姻登记机关办理婚姻登记。因为王某当时未达到法定婚龄，便借用其表姐李某的户口本，以李某的身份与刘某办理婚姻登记手续，领取了结婚证，该结婚证上的照片为王某和刘某，而姓名则登记为李某和刘某。去年，两人因感情不和正式分居。上个月，已经21岁的王某向法院提起诉讼，要求宣告其与刘某的婚姻无效。请问法院会支持王某的请求吗?

律师分析

本案中，原告王某结婚时未达到法定婚龄，原属无效婚姻，但王某提出宣告婚姻无效时，已满20周岁，达到法定婚龄，法定婚姻无效的情形已消失，根据《民法典婚姻家庭编解释（一）》

① 解答：D。

第十条的规定，当事人依据民法典第一千零五十一条规定向人民法院申请宣告婚姻无效的，申请时，法定的无效婚姻情形已经消失的，人民法院不予支持。根据上述法律和司法解释可知，婚姻当事人及未达到法定婚龄者的近亲属有权向人民法院申请宣告婚姻无效。但是请求权人申请宣告婚姻无效只能在婚姻当事人一方未达到法定婚龄之前提出。如果婚姻当事人双方已经达到法定婚龄，法定的无效婚姻情形便会消失，其婚姻转化为有效婚姻。所以本案中的王某要想解除与刘某的婚姻关系只能起诉离婚，而不是申请宣告婚姻无效，人民法院对她的请求应不予支持。

法条链接

《中华人民共和国民法典》

第一千零五十一条　有下列情形之一的，婚姻无效：

（一）重婚；

（二）有禁止结婚的亲属关系；

（三）未到法定婚龄。

《最高人民法院关于适用〈中华人民共和国民法典〉婚姻家庭编的解释（一）》

第十条　当事人依据民法典第一千零五十一条规定向人民法院请求确认婚姻无效，法定的无效婚姻情形在提起诉讼时已经消失的，人民法院不予支持。

温馨提示

《民法典婚姻家庭编解释（一）》第十条是当事人申请宣告婚

姻无效时，法定无效婚姻情形已消失的，应如何处理的规定。法律在赋予当事人和利害关系人及其他基层组织，有权依据前述规定就已办理结婚登记的婚姻向人民法院申请宣告婚姻无效的同时，针对审判实践中有些无效婚姻在经过一定时间后，因婚姻无效事由已经消除等情况，可以认可当事人和利害关系人及其他基层组织在申请宣告婚姻无效时存在阻却事由，这时对提出的申请宣告婚姻无效的请求，人民法院不予支持。

自测小题

选择：陈某和钟某的婚姻因陈某未达到法定婚龄而被人民法院宣告无效。对于两人同居期间的财产，应该怎样处理？[①]（ ）

A. 陈某和钟某协商处理

B. 协商不成的，由人民法院按照两人对财产贡献的大小分配

C. 协商不成的，由人民法院按照照顾无过错方的原则判决

① 解答：AC。

第二章
夫妻权利与义务

离婚后，婚前彩礼还能要回来吗?

案例实录

小梅和大海于某年春节期间经人介绍相识、相恋，2个月后，大海给小梅及其父母礼金2万元、金戒指一枚、笔记本电脑一台。半年后，大海与小梅按当地农村习俗举行了婚礼。举行婚礼后不久，小梅就突然消失，之后双方断了联系，至今大海与小梅仍未办理结婚登记手续。大海认为双方感情破裂，遂向法院起诉要求小梅返还彩礼。

律师分析

彩礼是中华民族的传统习俗，也是嫁娶民俗的体现。彩礼是男方为了达到与女方结婚的目的而依习俗给付女方的财物。依习俗给付、以达到与女方结婚为目的是彩礼的两大特征，且两者缺一不可。其中，依习俗给付的特征把给付彩礼与男女双方在日常生活中的赠与行为相区别，以达到与女方结婚为目的的特质把彩礼和借婚姻索取财物区别开来。本案的彩礼基于上述两个特征，认定大海给付小梅2万元、金戒指、笔记本电脑是以对方答应结婚为前提，是一种附条件的民事行为，故属于彩礼。《民法典婚姻家庭编解释（一）》第五条规定，如果婚姻当事人一方给付了另一方彩礼，在以下情况下当事人要求返还人民法院应予支持：(1）双方没有登记结婚手续的；(2）虽然办理了结婚登记手续但确实没在一起生活的；(3）婚前给付彩礼导致给付人生活困难的。本案中，大海给付小梅彩礼，但两人并没有办理结婚登记手续。按照该司法解释的规定，彩礼应该返还。

法条链接

《最高人民法院关于适用〈中华人民共和国民法典〉婚姻家庭编的解释（一）》

第五条　当事人请求返还按照习俗给付的彩礼的，如果查明属于以下情形，人民法院应当予以支持：

（一）双方未办理结婚登记手续；

（二）双方办理结婚登记手续但确未共同生活；

（三）婚前给付并导致给付人生活困难。

适用前款第二项、第三项的规定，应当以双方离婚为条件。

温馨提示

彩礼从法律角度而言应该是一种赠与，但是这种赠与有其特殊之处，因为这种赠与行为并非单纯以无偿转移财产为目的，而是以将来有一天对方能与自己缔结婚姻为附加条件的。鉴于此，《民法典婚姻家庭编解释（一）》对彩礼问题在离婚诉讼中引发的争议问题作出了相关规定。第五条中第（一）项、第（二）项规定的内容有具体的标准确定，即是否领取结婚证，是否共同生活，对此规定的彩礼返还情形很容易判断。但是对于第（三）项的规定，就必须以离婚为退还礼金的条件。如果双方没有办理结婚登记手续，根据相关规定礼金是可以返还的，人民法院可以根据双方具体情况判决酌情返还。而因给付彩礼造成的生活困难，必须是导致生活的绝对困难而非相对困难，在离婚时才可以请求返还彩礼。

自测小题

选择：小张和小霍在大学期间相识、相恋。恋爱期间，小张每逢节假日、纪念日便给小霍发红包、送礼物，小霍也经常送小张礼物。大学毕业之后，二人因理念不合分手。小张可以依据彩礼返还规则要求小霍退回其在恋爱期间收到的红包、礼物吗？① （　）

A. 可以　　　　B. 不可以

夫妻一方可以随意翻看另一方的信息吗？

案例实录

胡某与谢某在打工期间相识、相恋，并很快步入婚姻殿堂。婚后，由于胡某工作能力较强，便要求谢某在家照顾家务，谢某表示同意。虽然谢某赋闲在家，但其交际能力很强，交往对象中不乏男性。对此，丈夫胡某颇有微词，但谢某认为这是自己的正常交往，不应该受到限制。之后，胡某便经常查看谢某的手机，甚至接听谢某的电话，为此两人经常发生争吵。后来，当胡某发

① 解答：B。

现谢某手机中的信息有些暧昧时，忍无可忍，对谢某拳脚相加，导致谢某身体多处受伤。那么，夫妻一方可以随意翻看他方的信息吗？

律师分析

夫妻双方应当有自己的空间，一方不能强迫另一方全部公开。《民法典》第一千零三十二条规定："自然人享有隐私权。任何组织或者个人不得以刺探、侵扰、泄露、公开等方式侵害他人的隐私权。隐私是自然人的私人生活安宁和不愿为他人知晓的私密空间、私密活动、私密信息。"《刑法》第二百五十二条也规定："隐匿、毁弃或者非法开拆他人信件，侵犯公民通信自由权利，情节严重的，处一年以下有期徒刑或者拘役。"可见，偷拆他人信件的行为，如果情节严重就可能构成犯罪。而随意翻看他人信息的行为虽然法律没有规定，但也是对另一方的不信任，这种行为极易引发另一方的反感，进而触发矛盾，影响夫妻感情，性质恶劣的还可能被依法要求承担相应的侵权责任。本案中，胡某的行为显然已经侵犯谢某的隐私权。另外，胡某对谢某实施暴力，还可能构成《刑法》中的故意伤害罪，可能面临法律的制裁。

法条链接

《中华人民共和国民法典》

第一千零三十二条　自然人享有隐私权。任何组织或者个人不得以刺探、侵扰、泄露、公开等方式侵害他人的隐私权。

隐私是自然人的私人生活安宁和不愿为他人知晓的私密空间、私密活动、私密信息。

《中华人民共和国刑法》

第二百五十二条 隐匿、毁弃或者非法开拆他人信件，侵犯公民通信自由权利，情节严重的，处一年以下有期徒刑或者拘役。

温馨提示

夫妻是一种十分亲密的家庭关系，夫妻之间互负权利和义务，但是，这种权利和义务并不影响夫妻一方作为公民所应有的基本权利。因此，夫妻之间一方无论以何种理由擅自偷看另一方私人信息或者偷拆另一方信件的行为，另一方都是可以拒绝的。即使是夫妻，也享有基本的隐私权。如果一方侵犯了这一权利，不仅违反了《民法典》和《刑法》的相关规定，还有可能受到法律的制裁。

自测小题

判断：《民法典》明确规定，夫妻双方都有参加生产、工作、学习和社会活动的自由，一方不得对另一方加以限制或者干涉。据此，如果夫妻一方要将夫妻共同财产用于经营赌场，另一方也不得干涉。该说法是否正确?[①]（ ）

妻子不愿意生育，是否侵犯了丈夫的生育权?

案例实录

孙某与陈某于2017年结婚。婚后，由于父母抱孙心切，孙某也很喜欢孩子，急于有自己的孩子，便要求妻子陈某生育子女。

---

① 解答：错误。

陈某未做好心理准备，不愿意生孩子。两人因此多次发生争吵，导致夫妻不和。半年前，陈某发现自己怀孕了，孙某坚持要将孩子生下来，孙某的父母也寄予很大的希望。但不久后，陈某未经孙某同意便到医院堕胎。孙某大发雷霆，但陈某依然不为所动，始终不愿生育。上周，孙某向人民法院提起诉讼，主张陈某侵犯了自己的生育权，请求损害赔偿。

律师分析

按照中国的传统观念，结婚生子是天经地义的事，但这并不代表妻子不愿意生孩子时丈夫可以强迫其生育。所谓生育权，是指依照法律、法规的规定，凡是有生育能力的夫妻双方有生育孩子与不生育孩子的权利以及与生育孩子相关的其他合法权益。由于夫妻之间生育权的实现需要对方的配合，因此夫妻之间彼此要承担生育的权利与义务。但是，《民法典婚姻家庭编解释（一）》第二十三条规定："夫以妻擅自中止妊娠侵犯其生育权为由请求损害赔偿的，人民法院不予支持；夫妻双方因是否生育发生纠纷，致使感情确已破裂，一方请求离婚的，人民法院经调解无效，应依照民法典第一千零七十九条第三款第五项的规定处理。"可见，陈某的请求不会得到法院的支持。

法条链接

《中华人民共和国民法典》

第一千零七十九条第三款　有下列情形之一，调解无效的，应当准予离婚：

（一）重婚或者与他人同居；

（二）实施家庭暴力或者虐待、遗弃家庭成员；

（三）有赌博、吸毒等恶习屡教不改；

（四）因感情不和分居满二年；

（五）其他导致夫妻感情破裂的情形。

《最高人民法院关于适用〈中华人民共和国民法典〉婚姻家庭编的解释（一）》

第二十三条　夫以妻擅自中止妊娠侵犯其生育权为由请求损害赔偿的，人民法院不予支持；夫妻双方因是否生育发生纠纷，致使感情确已破裂，一方请求离婚的，人民法院经调解无效，应依照民法典第一千零七十九条第三款第五项的规定处理。

《中华人民共和国妇女权益保障法》

第五十一条第一款　妇女有按照国家有关规定生育子女的权利，也有不生育的自由。

温馨提示

根据《妇女权益保障法》的规定，妇女既享有依照国家规定生育子女的权利，也有不生育的自由。可见，如果妇女不愿意生育，包括丈夫在内的任何人均不能强迫其生育。生育是夫妻之间的共同问题，应该妥善沟通，尽量达成夫妻双方的一致意见，否则，难以维系稳定的夫妻关系。

自测小题

选择：孙某和万某是一对丁克夫妻，二人自一开始便决定不生育子女。然而，双方父母强烈要求夫妻俩孕育一个孩子，闹得家里鸡犬不宁。后孙某和万某与父母订立协议，约定二人同意生育子女，孩子出生后，夫妻二人便办理移民手续去往国外，孩子由爷爷、奶奶和外公、外婆共同抚养，夫妻二人不履行任何抚养义务。该协议是否有效？[①]（　）

A. 有效　　B. 无效　　C. 部分有效，部分无效

丈夫能强迫妻子做全职太太吗？

案例实录

高某是某家族企业的唯一继承人，在一次朋友聚会上，认识了活泼开朗的女大学生周某。自相识以后，两人加深了彼此之间的了解，感情稳定发展。周某大学毕业后，两人便结婚。婚后，高某要求妻子不出去工作，必须待在家里，做全职太太。而周某则坚持出去工作，学以致用，做职业女性，双方为此发生争执。高某可以要求妻子在家做全职太太吗？

律师分析

随着市场经济的发展，家庭生活越来越受到多种社会因素的冲击，但是，有些男性依然有“男主外，女主内”的观念，认为女性结婚后就应当在家相夫教子，这是一种错误的观念。劳动是《宪法》赋予每个中国公民的权利，任何人不能干涉，即使是互有夫妻权利义务关系的丈夫对妻子是否参加劳动，也是不能干涉的。夫妻之间是一种平等的关系，不是领导与被领导的关系，应

① 解答：B。

该相互尊重。家庭责任由夫妻双方平等承担，不应该由男方或女方一方单独承担全部的家庭责任，因此，全职太太的选择应由女方自由意志决定，不能被男方强迫，所以高某不能强迫妻子周某在家做全职太太，除非妻子自愿。

法条链接

《中华人民共和国宪法》

第四十二条第一款　中华人民共和国公民有劳动的权利和义务。

第四十八条第一款　中华人民共和国妇女在政治的、经济的、文化的、社会的和家庭的生活等各方面享有同男子平等的权利。

《中华人民共和国民法典》

第一千零五十七条　夫妻双方都有参加生产、工作、学习和社会活动的自由，一方不得对另一方加以限制或者干涉。

温馨提示

夫妻双方的人格和权利义务是平等的，夫妻应当相互尊重人格，在婚姻生活中平等地享有法律规定的权利，平等地履行法律规定的义务，共同承担对家庭和社会的责任。任何一方不能支配另一方或凌驾于另一方之上，不得歧视或剥夺另一方的权利。

自测小题

选择：以下说法中正确的有①(　)

A. 我国实行婚姻自由、一夫一妻、男女平等的婚姻制度

B. 夫妻应当互相忠实，互相尊重，互相关爱

① 解答：ABC。

C. 家庭成员应当敬老爱幼，互相帮助，维护平等、和睦、文明的婚姻家庭关系

遭遇家庭暴力该怎么办?

案例实录

张女士与丈夫王先生经父母介绍同意后结婚，婚后不久就生下儿子阳阳。随着生活负担的加重，二人经常因为琐事大吵大闹，王先生甚至对张女士拳打脚踢。但是，张女士害怕自己和丈夫离婚后，儿子阳阳会跟着父亲受苦。如果自己把儿子带走，又担心无力承担儿子的生活费用。那么，在此种情况下，张女士该怎么办?

律师分析

家庭暴力是指发生在家庭成员之间身体的、精神的以及性的伤害，这其中包括人身方面的侵害、强制，精神方面的凌辱、胁迫，性方面的强迫、虐待，财产方面的恶意损毁、剥夺以及其他造成家庭成员身体损害、精神损害的行为。

张女士的遭遇显然属于家庭暴力。长期的家庭暴力会构成虐待，这在我国是绝对禁止的。《反家庭暴力法》第十三条规定："家庭暴力受害人及其法定代理人、近亲属可以向加害人或者受害人所在单位、居民委员会、村民委员会、妇女联合会等单位投诉、反映或者求助。有关单位接到家庭暴力投诉、反映或者求助后，应当给予帮助、处理。家庭暴力受害人及其法定代理人、近亲属

也可以向公安机关报案或者依法向人民法院起诉。单位、个人发现正在发生的家庭暴力行为，有权及时劝阻。”因此，遭受家庭暴力的女性可以通过以下途径维权：

（1）遭受家庭暴力的妇女有权提出请求，居民委员会、村民委员会以及所在单位应当予以劝阻、调解。

（2）对于正在实施的家庭暴力，受害妇女应当及时拨打110报警，公安机关应当予以制止。

（3）施暴造成受害妇女轻微伤的，可以要求公安机关给予施暴方治安管理处罚，如警告、罚款、拘留。

（4）长期遭受家庭暴力的受害妇女可以家庭暴力为由要求离婚，在离婚时获得包括人身损害和精神损害在内的离婚损害赔偿。

（5）对于已构成犯罪的家庭暴力行为，受害妇女可以依刑事诉讼法的有关规定，向人民法院提起诉讼。

（6）受害妇女可以及时向妇联或妇女公益组织等求助。

法条链接

《中华人民共和国民法典》

第一千零四十二条　禁止包办、买卖婚姻和其他干涉婚姻自由的行为。禁止借婚姻索取财物。

禁止重婚。禁止有配偶者与他人同居。

禁止家庭暴力。禁止家庭成员间的虐待和遗弃。

《中华人民共和国反家庭暴力法》

第十三条　家庭暴力受害人及其法定代理人、近亲属可以向加害人或者受害人所在单位、居民委员会、村民委员会、妇女联合会等单位投诉、反映或者求助。有关单位接到家庭暴力投诉、反映或者求助后，应当给予帮助、处理。

家庭暴力受害人及其法定代理人、近亲属也可以向公安机关报案或者依法向人民法院起诉。

单位、个人发现正在发生的家庭暴力行为，有权及时劝阻。

温馨提示

家庭成员之间发生的暴力或虐待行为，具有不同的表现形式，情节和后果也不尽相同。即使对于那些情节比较轻微、后果尚不严重、不足以追究刑事责任的行为，也不能自由放任，遭受暴力一方要勇于拿起法律武器来保护自己，果断选择投诉、报警、起诉等方式来维权。

自测小题

选择：下列情形，构成家庭暴力的有①(　)

A. 常某经常在酒后殴打老父亲

B. 方某动辄将妻子关在家，禁止其出门

C. 熊某是高级知识分子，经常谩骂自己的小女儿

丈夫因工伤丧失劳动能力，妻子应当承担扶养义务吗？

案例实录

周某与妻子邓某自由恋爱并登记结婚，生育一女。结婚后，周

① 解答：ABC。

某一直跟随村里的建筑队队长梁某在附近几个村子进行建筑作业，为人善良，工作勤快。然而，周某在一次施工过程中不慎从高处跌落，身体多处骨折，造成八级伤残。此后，周某常年住院治疗，家里的积蓄所剩无几。由于邓某没有稳定的生活来源，家庭经济捉襟见肘。因无法承受生活的重担，邓某起诉至法院，请求判决与周某离婚。那么，在这种情况下，邓某需要承担扶养周某的义务吗？

律师分析

《民法典》规定，夫妻双方有相互扶养的义务。所谓夫妻之间的扶养义务，主要是夫妻之间相互为对方提供经济上的供养和生活上的扶助，以此来维持日常的生活。一方不履行扶养义务时，需要扶养的一方，有要求对方给付扶养费的权利。本案中，周某丧失了劳动能力，没有生活来源，有权要求妻子邓某履行扶养义务。如果邓某有能力而坚持不履行对周某的扶养义务，则有可能构成遗弃罪并被追究刑事责任。

法条链接

《中华人民共和国民法典》

第一千零五十九条　夫妻有相互扶养的义务。

需要扶养的一方，在另一方不履行扶养义务时，有要求其给付扶养费的权利。

《中华人民共和国刑法》

第二百六十一条　对于年老、年幼、患病或者其他没有独立生活能力的人，负有扶养义务而拒绝扶养，情节恶劣的，处五年以下有期徒刑、拘役或者管制。

温馨提示

《民法典》第一千零五十九条规定夫妻之间的扶养是一种法定义务。这里的扶养是指，夫妻之间的一方对其配偶负有提供生活供养责任的法律关系。夫妻之间的互相扶养既是权利又是义务，且权利义务是平等的。也就是说，丈夫有扶养其妻子的义务，妻子也有扶养其丈夫的义务；反之，夫妻任何一方均有受领对方扶养的权利。夫或妻一方不履行扶养义务时，需要扶养的一方可以根据本条第二款的规定，要求对方给付扶养费。应当给付扶养费的一方拒绝给付的，需要扶养的一方可以通过诉讼获得扶养费。如果夫或妻一方患病或者没有独立生活能力，有扶养义务的配偶拒绝扶养，情节恶劣构成遗弃罪的，应当承担刑事责任。

自测小题

选择：赵某和邵某正在协议离婚，二人依法向婚姻登记机关提交了离婚申请。几日后，邵某遭遇突发事故，丧失行为能力，无法继续办理协议离婚手续。赵某见邵某情况实在不好，也没有催促。几个月后，邵某的父母要求赵某履行其对邵某的扶养义务，赵某觉得自己很冤枉，认为他们是离婚夫妻，他没有义务扶养邵某。下列说法，正确的是①(　)

A. 赵某和邵某已经递交离婚申请，二人不再具有婚姻关系，赵某不必履行扶养义务

① 解答：B。

B. 赵某和邵某的离婚程序未办理完毕，二人的婚姻关系仍然存续，赵某有履行扶养的义务

C. 鉴于赵某和邵某已经就离婚一事达成一致，赵某扶养邵某是情谊，不扶养对赵某也没有任何影响

丈夫“包二奶”犯法吗？

案例实录

甲乙结婚已经10年，婚姻关系一直很稳定。最近，妻子发现丈夫与一个在校女大学生有不正当的男女关系，丈夫甚至将该女生包养起来。妻子对此非常生气，于是报了警。丈夫包养情人的行为是否违法？会受到法律制裁吗？

律师分析

通常，“包二奶”是指有配偶的男性通过提供金钱等物质和利益，供养婚外异性并与之保持较为长期的两性关系的行为。“包二奶”不是一个法学概念，而是一个社会词语，因此对其认定是十分复杂的，法律上对此也没有明确的规定。比较相近的规定是禁止重婚。但“包二奶”与重婚是不一样的，重婚的构成要件是两次确实的婚姻关系存在，“包二奶”并没有两次确实的婚姻，显然，“包二奶”的认定要模糊得多。“包二奶”的行为显然违反了《民法典》婚姻家庭编中关于夫妻间应该互相忠实、互相尊重的规定，但《民法典婚姻家庭编解释（一）》第四条规定：“当事人仅以民法典第一千零四十三条为依据提起诉讼的，人民法院不

予受理；已经受理的，裁定驳回起诉。”由此可见，现阶段我们对类似“包二奶”这样违反夫妻间互相忠实义务的行为只能进行道德上的谴责，而无法运用法律来进行刑事上的制裁。

法条链接

《中华人民共和国民法典》

第一千零四十三条　家庭应当树立优良家风，弘扬家庭美德，重视家庭文明建设。

夫妻应当互相忠实，互相尊重，互相关爱；家庭成员应当敬老爱幼，互相帮助，维护平等、和睦、文明的婚姻家庭关系。

《最高人民法院关于适用〈中华人民共和国民法典〉婚姻家庭编的解释（一）》

第四条　当事人仅以民法典第一千零四十三条为依据提起诉讼的，人民法院不予受理；已经受理的，裁定驳回起诉。

《中华人民共和国刑法》

第二百五十八条　有配偶而重婚的，或者明知他人有配偶而与之结婚的，处二年以下有期徒刑或者拘役。

温馨提示

婚姻以夫妻共同生活为目的，夫妻双方应当互相忠实。家庭的和睦是社会安定的重要基础，要提倡文明婚俗，鼓励家庭成员勤俭持家，建立互爱互助、和睦团结的婚姻家庭关系。但是，倡导性条款并非法定义务，因此，如果夫妻一方仅以此条为依据提起诉讼，人民法院是不受理的；已经受理的，裁定驳回起诉。

自测小题

选择：万某发现自己的丈夫出轨，并用他的生产经营所得为第三者购买了一辆高档汽车。如果万某和丈夫对夫妻财产制没有进行特别约定，万某可以要回汽车吗？[①]（　）

A. 万某可以要回汽车

B. 万某不可以要回汽车

C. 除非万某的丈夫同意撤销对第三者的赠与，否则万某不可以要回汽车

婚姻关系存续期间，无民事行为能力人权利受到侵害怎么办？

案例实录

几年前，大学生胡某与张某经人介绍相识。恋爱两年后，两人登记结婚，婚后育有子女。去年，其子发生交通事故经抢救无效死亡，胡某之妻张某因悲伤过度，精神不正常，经鉴定为无民事行为能力人。上个月，张某的姐姐以胡某虐待张某、对张某的治疗持消极态度且胡某不断转移夫妻共同财产侵害了张某的合法权益为由，要求作为张某的法定代理人代理张某提起离婚诉讼。请问张某的姐姐是否可以代理其提起离婚诉讼呢？

律师分析

根据我国相关法律规定，张某的姐姐是可以代理张某提起离

① 解答：A。

婚诉讼请求的。《民法典婚姻家庭编解释（一）》第六十二条规定：“无民事行为能力人的配偶有民法典第三十六条第一款规定行为，其他有监护资格的人可以要求撤销其监护资格，并依法指定新的监护人；变更后的监护人代理无民事行为能力一方提起离婚诉讼的，人民法院应予受理。”

本案中，张某被鉴定为无民事行为能力人，而其丈夫胡某不但对其进行虐待，对其治疗持消极态度，而且不断转移夫妻共同财产，该行为已经严重损害张某的合法权益。因此，张某的姐姐可以先依照特别程序要求变更监护关系，再代理无民事行为能力人张某提起离婚诉讼。

法条链接

《中华人民共和国民法典》

第三十六条第一款　监护人有下列情形之一的，人民法院根据有关个人或者组织的申请，撤销其监护人资格，安排必要的临时监护措施，并按照最有利于被监护人的原则依法指定监护人：

（一）实施严重损害被监护人身心健康的行为；

（二）怠于履行监护职责，或者无法履行监护职责且拒绝将监护职责部分或者全部委托给他人，导致被监护人处于危困状态；

（三）实施严重侵害被监护人合法权益的其他行为。

《最高人民法院关于适用〈中华人民共和国民法典〉婚姻家庭编的解释（一）》

第六十二条　无民事行为能力人的配偶有民法典第三十六条第一款规定行为，其他有监护资格的人可以要求撤销其监护资格，并依法指定新的监护人；变更后的监护人代理无民事行为能力一方提起离婚诉讼的，人民法院应予受理。

温馨提示

依据我国法律的规定，对于无民事行为能力人，夫妻是第一顺序的监护人。如果无民事行为能力人的配偶有虐待、遗弃等严重损害无民事行为能力一方的人身权利或者财产权益的行为，而无民事行为能力人又无法依法维护自己的权益，法律有必要为其提供保护的途径。为此，《民法典婚姻家庭编解释（一）》明确规定，当无民事行为能力人在婚姻关系中遭受家庭暴力、虐待、遗弃等严重侵害其合法权益的行为时，无民事行为能力人的近亲属可以作为其法定代理人提起离婚诉讼，但必须经过法定的申请宣告公民无民事行为能力、撤销监护人资格和确定监护人程序，将监护人由无民事行为能力人的配偶变更为其近亲属。

自测小题

填空：根据现行法的规定，担任无民事行为能力或者限制民事行为能力的成年人的监护人的顺序是：1. ________；2. ________；3. ________；4. 经被监护人住所地的居民委员会、村民委员会或者民政部门同意的________。[1]

---

① 解答：配偶；父母、子女；其他近亲属；其他愿意担任监护人的个人或者组织。

夫妻一方对子女是否是亲生存疑要求做亲子鉴定，另一方拒绝怎么办?

案例实录

何某与曹某在研究生三年级的时候登记结婚。毕业后，曹某留学美国，之后仅在过年时回家与家人团聚。曹某在美攻读博士学位的第二年，何某查出怀孕，赶紧将这一喜讯告诉丈夫，没想到曹某态度冷漠。上个月，何某顺利产下一个男孩。曹某回国，但其对何某的感情急转直下，因为他无论如何都不相信这个孩子是自己的，并要求做亲子鉴定，但何某不同意。曹某遂向人民法院提起诉讼，请求法院确认其与孩子不存在亲子关系。

律师分析

由于现代生物医学技术的发展，DNA 鉴定技术被广泛用于子女与父母尤其是与父亲血缘关系的证明。这种亲子鉴定技术简便易行、准确率较高。在处理有关纠纷时，如果一方提供的证据能够证明当事人之间可能存在或不存在亲子关系，另一方没有相反的证据又坚决不同意做亲子鉴定的，人民法院可以根据《民法典婚姻家庭编解释（一）》第三十九条的规定，推定请求否认亲子关系一方或者请求确认亲子关系一方的主张成立，而不配合法院进行亲子鉴定的一方要承担败诉的法律后果。所以，如果曹某提起亲子鉴定的诉求，能够提出必要的证据证明这个孩子可能与自己不存在亲子关系，而何某没有相反的证据或不提供相反的证据又拒绝做亲子鉴定的，法院可以推定曹某与这个孩子之间不存在亲子关系。

法条链接

《最高人民法院关于适用〈中华人民共和国民法典〉婚姻家庭编的解释（一）》

第三十九条　父或者母向人民法院起诉请求否认亲子关系，并已提供必要证据予以证明，另一方没有相反证据又拒绝做亲子鉴定的，人民法院可以认定否认亲子关系一方的主张成立。

父或者母以及成年子女起诉请求确认亲子关系，并提供必要证据予以证明，另一方没有相反证据又拒绝做亲子鉴定的，人民法院可以认定确认亲子关系一方的主张成立。

温馨提示

在司法实践中，一方提出对亲子鉴定的申请，如果另一方拒绝配合，亲子鉴定就无法进行，最终提出亲子鉴定的一方可能因没有充分的证据而败诉。为了解决日益矛盾的亲子关系问题，最高人民法院通过本条文明确亲子鉴定的举证责任分配问题，即提出亲子鉴定的一方应首先提供必要的（可能取得的）证据证明其主张，向法院申请亲子鉴定的，另一方应配合，如果不配合，就推定申请方的主张成立，不配合的一方承担败诉的不利后果。如果没有任何证据，或仅仅是猜测、臆断，法院也可以驳回申请人的申请，避免浪费司法资源、破坏家庭和谐与信任。

自测小题

选择：在民事诉讼中，一方当事人控制证据无正当理由拒不提交，对待证事实负有举证责任的当事人主张该证据的内容不利于控制人的，人民法院______认定该主张成立。[①]（ ）

A. 不得　　B. 可以　　C. 应当

① 解答：B。

第三章
夫妻财产

妻子私自将大额财产赠给他人，丈夫可以要回来吗?

案例实录

徐某之妻石某在丈夫不知情的情况下，从两人的存款中拿出3万元送给自己的弟弟做生意，并告诉弟弟不要让徐某知道。后来徐某知道此事，对妻子的这种做法十分不满，两人因此吵架。徐某向妻弟讨要这3万元，说自己不知道此事，石某一人决定把钱送给他不算数。徐某能够要回这笔钱吗?

律师分析

根据《民法典》第一千零六十二条的规定，夫妻对共同财产有平等的处理权。同时，《民法典》第一千零六十条明确规定:“夫妻一方因家庭日常生活需要而实施的民事法律行为，对夫妻双方发生效力，但是夫妻一方与相对人另有约定的除外。夫妻之间对一方可以实施的民事法律行为范围的限制，不得对抗善意相对人。”据此可以推知，夫或妻非因日常生活原因而需要对夫妻共同财产做重要处分的，夫妻双方应当平等协商，在取得一致意见的基础上进行。但是，如果第三人有理由相信夫或妻一方的财产处分或不知该财产系夫妻共同财产的，相关处分的效力不受影响。

本案中，石某瞒着徐某把 3 万元送给自己的弟弟，不属于出于家庭日常生活需要，且石某的弟弟明知姐姐送自己的这笔钱没有与姐夫徐某商量，不符合善意要件，因此赠与行为无效，徐某可以向石某之弟要回这笔钱。

法条链接

《中华人民共和国民法典》

第一千零六十条　夫妻一方因家庭日常生活需要而实施的民事法律行为，对夫妻双方发生效力，但是夫妻一方与相对人另有约定的除外。

夫妻之间对一方可以实施的民事法律行为范围的限制，不得对抗善意相对人。

第一千零六十二条第二款　夫妻对共同财产，有平等的处理权。

温馨提示

所谓夫妻共同财产，是指受《民法典》调整的在夫妻关系存续期间夫妻共同拥有的财产。所谓夫妻关系存续期间，是指夫妻结婚后到一方死亡或者离婚之前这段时间夫妻所得的财产，除约定的外，均属于夫妻共同财产。夫妻对共同财产，有平等的处理权。夫妻一方对夫妻关系存续期间的财产的处分，需征得配偶的同意。夫妻共同财产的性质是共同共有，不是按份共有，因此夫妻对全部共同财产，应当不分份额地享有同等的权利，承担同等的义务。不能根据夫妻双方经济收入的多少来确定其享有共同财产所有权的多少。夫妻双方对共同财产享有平等的占有、使用、收益和处分的权利。夫妻一方对共同财产的使用、处分，除另有约定外，应当在取得对方的同意之后进行。

自测小题

选择：以下哪些财产，夫妻之前没有特别约定的，属于夫妻共同财产?[①]（　）

A. 夫或妻一方在婚后取得的劳动报酬

B. 夫或妻一方因继承取得的财产

C. 夫或妻一方婚前购买的房屋，出租经营产生的收益

婚前以一方名义买房，婚后共同还贷，是否属于夫妻共同财产?

案例实录

在南方打工的王某回到家乡后，首付 10 万元买下一套 100 多平方米的商品房。不久后，他便和女朋友李某登记结婚了，婚后取得房产证。但是，婚后两人经常因家庭琐事争吵导致感情不和闹离婚，李某提出她婚后共同承担了房贷，还出了装修费，要求分割房产，王某不同意。王某表示，婚姻期间两人用工资共同还贷约 8 万元，还有约 20 万元的房贷未付清。该房屋现在若出售能卖约 70 万元。两人要离婚，这房子该怎么分?

① 解答：ABC。

律师分析

根据《民法典婚姻家庭编解释（一）》第七十八条的规定，夫妻一方婚前签订不动产买卖合同，以个人财产支付首付款并在银行贷款，婚后用夫妻共同财产还贷，不动产登记于首付款支付方名下的，离婚时该不动产由双方协议处理。对于婚后共同还贷的款项及相对应的财产增值部分，离婚时应根据《民法典》第一千零八十七条第一款规定的原则处理，即离婚时，夫妻的共同财产由双方协议处理；协议不成的，由人民法院根据财产的具体情况，按照照顾子女、女方和无过错方权益的原则判决。

由此可知，本案中涉诉房屋产权登记在王某名下，应归属王某，未付清的20万元房贷属于王某的个人债务。婚后二人用工资共同还贷8万元，应确定为用夫妻共同财产共同偿还债务，现双方离婚，应对此部分进行分割。

该房的增值部分（70万元减去房屋总价38万元为32万元）也应作为夫妻共同财产予以分割。

法条链接

《中华人民共和国民法典》

第一千零八十七条第一款　离婚时，夫妻的共同财产由双方协议处理；协议不成的，由人民法院根据财产的具体情况，按照照顾子女、女方和无过错方权益的原则判决。

《最高人民法院关于适用〈中华人民共和国民法典〉婚姻家庭编的解释（一）》

第七十八条　夫妻一方婚前签订不动产买卖合同，以个人财产支付首付款并在银行贷款，婚后用夫妻共同财产还贷，不动产登记于首付款支付方名下的，离婚时该不动产由双方协议处理。

依前款规定不能达成协议的，人民法院可以判决该不动产归登记一方，尚未归还的贷款为不动产登记一方的个人债务。双方婚后共同还贷支付的款项及其相对应财产增值部分，离婚时应根据民法典第一千零八十七条第一款规定的原则，由不动产登记一方对另一方进行补偿。

温馨提示

现在购房大多以贷款方式购买，一方婚前贷款买房，买卖行为发生在婚前，甚至房产证也在婚前取得，按照《民法典》的字面意思，这套房子似乎是婚前个人财产。但是，婚前首付很可能只是房款的一小部分，另一方在婚后承担了还贷义务，如果简单认定该房子是一方的婚前财产，显然对另一方不公平。即使婚后还贷是婚前买房一方用个人收入来归还的，但婚后任何一方的收入都是夫妻共同财产，实际上还是在用夫妻共同财产还贷。因此，《民法典婚姻家庭编解释（一）》给这种情况提供了一个公平合理的解决方案：首先由双方协商；协商不成的，双方婚后共同还贷部分的款项及其对应的增值部分，按共同财产分割。这体现了付出与所得相符合的公平原则。

自测小题

选择：陈某大学毕业后，用自己的积蓄全款买了一间门面房，不久后，他和女友结婚。婚后，由于陈某工作繁忙，无暇打理资产，基本上都交给妻子管理。门面房的出租、维修等都是妻子在

处理。最近，两人打算离婚，关于该门面房和租金收益的归属，下列说法正确的是[①]( )

A. 门面房和租金收益均属于陈某的个人财产

B. 门面房和租金收益均属于夫妻共同财产

C. 门面房是陈某的个人财产，相关的租金收益是夫妻共同财产

夫妻可以婚前约定个人财产的归属吗?

案例实录

陈某与刘某是男女朋友关系，两人各有一套房产。在结婚前，为了避免以后发生财产纠纷，两人经商议决定在结婚前把财产的归属划分清楚，订立约定，以免日后产生不必要的纠纷。那么，夫妻双方可以做出这样的约定吗?

律师分析

夫妻双方可以在婚前约定财产的归属。我国现行的法律中，凡涉及调整一般民事行为的条款，一般都贯彻了公民意思自治、契约订立自由的原则。在婚姻关系中也一样，男女双方可以在婚前就约定双方婚后的财产分配。其实，这也是公民在婚姻生活中自我防范意识的体现。

① 解答：C。

法条链接

《中华人民共和国民法典》

第一千零六十五条 男女双方可以约定婚姻关系存续期间所得的财产以及婚前财产归各自所有、共同所有或者部分各自所有、部分共同所有。约定应当采用书面形式。没有约定或者约定不明确的，适用本法第一千零六十二条、第一千零六十三条的规定。

夫妻对婚姻关系存续期间所得的财产以及婚前财产的约定，对双方具有法律约束力。

夫妻对婚姻关系存续期间所得的财产约定归各自所有，夫或者妻一方对外所负的债务，相对人知道该约定的，以夫或者妻一方的个人财产清偿。

温馨提示

在我国，夫妻财产制分为法定夫妻财产制和约定夫妻财产制两种。所谓约定财产制，是指法律允许夫妻用协议的方式，对夫妻在婚前和婚姻关系存续期间所得财产的所有权的归属、管理、使用、收益、处分以及对第三人债务的清偿、婚姻解除时财产的分割等事项作出约定，从而排除或部分排除夫妻法定财产制适用的制度。约定财产制是相对于法定财产制而言的，它是夫妻以契约的方式依法选择适用的财产制，而法定财产制是依照法律直接规定而适用的财产制，约定财产制具有优先于法定财产制适用的效力，只有在当事人未就夫妻财产作出约定，或所作约定不明确，或所作约定无效时，才适用法定夫妻财产制。

自测小题

选择：冯某在结婚前向朋友借钱买了一辆车。结婚后，冯某和妻子约定，对于双方负债购置的物件，如房、车等资产，婚后用于夫妻共同生活的，由双方共同承担清偿义务；对于其他婚前债务，各自清偿，对方不负有偿还义务。请问该约定是否有效？[①]（　）

A. 有效　　　　B. 无效

婚姻关系存续期间，能否要求分割夫妻共同财产？

案例实录

李某与马某婚后育有一女马某某。婚姻关系存续期间，丈夫马某经营大货车运输，收入颇丰，后又购买大货车3辆，轿车1辆，商品房1套，均登记在马某名下。马某在外经营货运期间，与一名女性保持不正当男女关系，把轿车和商品房都给这名女性使用。妻子李某知道后非常生气，但又不想离婚，在与丈夫多次沟通无果后，遂向法院起诉，要求对丈夫名下的大货车经营权进行平分，分得的部分由自己经营。法院驳回了李某的诉讼请求。李某不服，为此咨询律师，在婚姻关系存续期间能否要求分割夫妻共同财产？

律师分析

在以往的法律规定中，夫妻婚姻关系存续期间，夫妻对共同

① 解答：A。

财产享有平等的处理权，这并不意味着夫妻对共同财产享有半数的份额。上述案件中，李某并没有提出解除婚姻关系，只是起诉平分与丈夫大货车的经营权。在不解除婚姻关系的情况下，夫妻双方在婚姻关系存续期间可以约定共同财产的归属，能否达成协议属于当事人意思自治的领域，不属于法院依据职权调整的范畴。至于夫妻一方的权利受到侵犯的情况，法律已规定其他救济途径，如《民法典》第一千零六十六条进一步明确了夫妻一方在婚姻关系存续期间可以请求分割共同财产的两种例外情形：（1）一方有隐藏、转移、变卖、毁损、挥霍夫妻共同财产或者伪造夫妻共同债务等严重损害夫妻共同财产利益的行为；（2）一方负有法定扶养义务的人患重大疾病需要医治，另一方不同意支付相关医疗费用。因此，上述案件中，李某的丈夫用夫妻共同财产给另一名女性，属于挥霍夫妻共同财产的行为，因此，法院应当支持李某的诉讼请求，对其婚姻关系存续期间的夫妻共同财产进行分割。

法条链接

《中华人民共和国民法典》

第一千零五十九条　夫妻有相互扶养的义务。

需要扶养的一方，在另一方不履行扶养义务时，有要求其给付扶养费的权利。

第一千零六十六条　婚姻关系存续期间，有下列情形之一的，夫妻一方可以向人民法院请求分割共同财产：

（一）一方有隐藏、转移、变卖、毁损、挥霍夫妻共同财产或者伪造夫妻共同债务等严重损害夫妻共同财产利益的行为；

（二）一方负有法定扶养义务的人患重大疾病需要医治，另一方不同意支付相关医疗费用。

温馨提示

一般情况下，夫妻分割共同财产，要以离婚为前提条件，司法解释以不允许分割为原则，但考虑到一些特殊情况，指出在出现司法解释明确的两种例外情况时，可以在不离婚的情况下分割共同财产。《民法典》第一千零六十六条的规定涉及婚姻财产的重大突破。它确立了婚内分割财产制度，会对夫妻双方中弱势一方起到保护作用。在符合一定条件的情况下，弱势一方不用以婚姻破裂为代价，在婚内直接起诉请求共同财产分割，从而保护自己的财产不受损失。这个条款可以保护夫妻间在经济上处于弱势的一方，尤其是家庭主妇面临被动离婚的困境时，能有很好的救济渠道。但是本条款有个前置条件，即这种分割共同财产有重大理由且不损害债权人利益。

自测小题

选择：宋某和赵某在闹离婚，宋某第一次起诉到法院后，法院判决未准予离婚。后二人分居。分居期间，宋某身患重病，她可以①(　)

A. 要求赵某履行经济帮助义务

B. 要求赵某履行经济补偿义务

C. 要求赵某履行夫妻间的扶养义务

① 解答：C。

一方的个人财产在婚后产生的收益属于夫妻共同财产吗?

案例实录

刘女士在婚前个人出资10万元购买一套A房，收房后不久，刘女士与某男子结婚，婚后共同生活居住管理A房数年。婚后，双方又购买一套B房，便从A房搬入B房居住生活，将A房出租，每年收取房租1万元。半年前，A房所处的地区市政府整体开发利用，拆迁安置方案为：按比例等面积置换到市区环线处的C房，并补偿差额2万元。现双方因感情问题准备离婚，刘女士与其丈夫就A房及房租收益1万元、补偿差额2万元的分割出现分歧。请问这些属于夫妻共同财产吗?

律师分析

A房及出租收益1万元属于刘女士婚前个人财产。根据《民法典》第一千零六十三条第（一）项的规定，一方的婚前财产为夫妻一方的财产。《民法典婚姻家庭编解释（一）》第三十一条规定："民法典第一千零六十三条规定为夫妻一方的个人财产，不因婚姻关系的延续而转化为夫妻共同财产。但当事人另有约定的除外。"根据上述规定，A房是刘女士婚前个人出资购买的，不因婚姻关系的延续而转化为夫妻共同财产，仍为个人财产。A房的出租收益属于从A房中产生的收益，应当认定为孳息，根据《民法典婚姻家庭编解释（一）》第二十六条"夫妻一方个人财产在婚后产生的收益，除孳息和自然增值外，应认定为夫妻共同财产"

的规定可知，此孳息不属于夫妻共同财产，应属于刘女士的个人财产。

至于A房的差额补偿款2万元，应属于夫妻共同财产。《民法典婚姻家庭编解释（一）》第二十五条规定：“婚姻关系存续期间，下列财产属于民法典第一千零六十二条规定的‘其他应当归共同所有的财产’：……（二）男女双方实际取得或者应当取得的住房补贴、住房公积金……”因此，本案中的补偿费2万元应视为男女双方实际取得的住房补贴，属于夫妻共同财产。

法条链接

《中华人民共和国民法典》

第一千零六十三条　下列财产为夫妻一方的个人财产：

（一）一方的婚前财产；

……

《最高人民法院关于适用〈中华人民共和国民法典〉婚姻家庭编的解释（一）》

第二十五条　婚姻关系存续期间，下列财产属于民法典第一千零六十二条规定的“其他应当归共同所有的财产”：

（一）一方以个人财产投资取得的收益；

（二）男女双方实际取得或者应当取得的住房补贴、住房公积金；

（三）男女双方实际取得或者应当取得的基本养老金、破产安置补偿费。

第二十六条　夫妻一方个人财产在婚后产生的收益，除孳息和自然增值外，应认定为夫妻共同财产。

第三十一条　民法典第一千零六十三条规定为夫妻一方的个人财产，不因婚姻关系的延续而转化为夫妻共同财产。但当事人另有约定的除外。

温馨提示

一般而言，夫妻一方财产在婚后的收益主要包括孳息、投资经营收益和自然增值。在婚姻中，孳息一般指的是存款利息、有价证券收益、股权分红、未经共同经营管理的房屋租金等收入。而随着物价的上涨，房屋的市场价值也在上涨，这部分增值就是自然增值。夫妻一方婚前有一个工厂，婚后这个工厂所生产产品的收益就是投资经营收益，属于夫妻共同财产，并非其个人的。由此可知，夫妻一方个人财产在婚后产生的收益，其中孳息和自然增值属于个人财产，除此之外产生的收益属于夫妻共同财产。

自测小题

判断：一方的婚前财产可以因婚姻关系存续期间延长而转变为夫妻共同财产。该说法是否正确?[①]（　）

婚前承诺赠与房产未过户又反悔，可以要求赠与方继续履行吗?

案例实录

小王和小李是相亲认识的，结婚前，双方签署了一份赠与协

① 解答：错误。

议。协议约定：小李自愿将自己名下的一套房产赠与小王，以示诚意。但婚后二人一直未办理房产过户手续。婚后，二人对一些琐事产生不同意见，最终导致感情出现危机，欲协议离婚。可是，在财产分割时，丈夫小李要求收回自己的房子，并说这属于他的婚前个人财产，与小王没有关系。请问这套房子还属于小李吗？赠与协议在小王手上，丈夫小李还有权把房子收回去吗？

律师分析

双方协议约定将一方所有的房产赠与另一方，这是一种赠与行为，虽然双方达成了有效的协议，但因未办理房屋变更登记手续，依照《民法典》物权编的规定，房屋所有权尚未转移，同时，依照《民法典》合同编关于赠与的规定，一般的赠与是完全可以撤销的，这与现行法的规定并不矛盾。因此，尚未办理房产过户手续的赠与，房产赠与人可以随时撤销赠与，对赠与房产一方离婚时主张撤销赠与合同的请求，法院应予支持。

所以，丈夫小李有权收回自己的房子。《民法典婚姻家庭编解释（一）》第三十二条规定："婚前或者婚姻关系存续期间，当事人约定将一方所有的房产赠与另一方或者共有，赠与方在赠与房产变更登记之前撤销赠与，另一方请求判令继续履行的，人民法院可以按照民法典第六百五十八条的规定处理。"而《民法典》第六百五十八条规定："赠与人在赠与财产的权利转移之前可以撤销赠与。经过公证的赠与合同或者依法不得撤销的具有救灾、扶贫、助残等公益、道德义务性质的赠与合同，不适用前款规定。"由此可知，赠与关系中，即使双方所签订的赠与合同合法有效，即除具有救灾、扶贫、助残等社会公益、道德义务性质的赠与合同或者经过公证的赠与合同外，赠与人在赠与财产的权利转移之前可以撤销赠与。也就是说，一般性质的赠与，对于动产，只有交付了才发生法律效力；对于不动产，只有办理了赠与财产的权利转移手续才发生法律效力。

法条链接

《中华人民共和国民法典》

第六百五十八条　赠与人在赠与财产的权利转移之前可以撤销赠与。

经过公证的赠与合同或者依法不得撤销的具有救灾、扶贫、助残等公益、道德义务性质的赠与合同，不适用前款规定。

《最高人民法院关于适用〈中华人民共和国民法典〉婚姻家庭编的解释（一）》

第三十二条　婚前或者婚姻关系存续期间，当事人约定将一方所有的房产赠与另一方或者共有，赠与方在赠与房产变更登记之前撤销赠与，另一方请求判令继续履行的，人民法院可以按照民法典第六百五十八条的规定处理。

温馨提示

情侣或夫妻之间为表达感情，经常会出现一方向另一方允诺金钱、房产等行为，这种行为可以视为一种赠与。对于赠与的不动产，在办理变更登记前反悔的，就表示一方作出了撤销赠与的意思表示，该赠与行为也就不发生相应的法律效力。由此可知，夫妻之间房产赠与，必须办理房产变更手续，否则赠与方随时可以撤销赠与。

自测小题

选择：刘某和黄某是夫妻，二人约定婚姻关系存续期间各自的财产归各自所有。后来，刘某说要送黄某一套房，接房后，二人去办理了公证，但是没有办理房屋所有权变更登记。离婚时，黄某要求刘某协助办理房屋所有权变更手续，但刘某反悔，要求撤销赠与。请问刘某是否可以撤销赠与？[①]（ ）

A. 可以　　　　B. 不可以

夫妻共同出资购买的婚前承租房属于夫妻共同财产吗？

案例实录

某高校毕业生王某与李某经相恋4年后登记结婚，婚后居住在王某以前承租的房屋里。后王某与李某从房东处买下该处房屋，并将房产过户到王某名下。两个月前，因王某有外遇给李某的身心造成了严重的创伤，双方决定协议离婚，但就该房屋是否属于夫妻共同财产发生了分歧。请问该房屋应如何分割呢？

律师分析

《民法典婚姻家庭编解释（一）》第二十七条规定："由一方婚前承租、婚后用共同财产购买的房屋，登记在一方名下的，应当认定为夫妻共同财产。"因此，本案中的争议房屋应认定为夫妻共同财产，在离婚分割财产时，对此处房屋应先由二人协商，协

---

① 解答：A。

商不成时，则根据《民法典婚姻家庭编解释（一）》第七十六条规定的三种情形处理，即：（1）双方均主张房屋所有权并且同意竞价取得的，应当准许；（2）一方主张房屋所有权的，由评估机构按市场价格对房屋作出评估，取得房屋所有权的一方应当给予另一方相应的补偿；（3）双方均不主张房屋所有权的，根据当事人的申请拍卖、变卖房屋，就所得价款进行分割。

法条链接

《最高人民法院关于适用〈中华人民共和国民法典〉婚姻家庭编的解释（一）》

第二十七条　由一方婚前承租、婚后用共同财产购买的房屋，登记在一方名下的，应当认定为夫妻共同财产。

第七十六条　双方对夫妻共同财产中的房屋价值及归属无法达成协议时，人民法院按以下情形分别处理：

（一）双方均主张房屋所有权并且同意竞价取得的，应当准许；

（二）一方主张房屋所有权的，由评估机构按市场价格对房屋作出评估，取得房屋所有权的一方应当给予另一方相应的补偿；

（三）双方均不主张房屋所有权的，根据当事人的申请拍卖、变卖房屋，就所得价款进行分割。

温馨提示

根据通常的观点，房屋属于不动产，房屋登记具有公示公信效力，无论出资情况如何，如果没有特别说明或协议，应视为房屋产权证书上所列人所有，而该房屋购买时的其他共同出资人并没有该房屋的所有权，其与房屋产权证书登记人之间的关系属于一般的债权债务关系。但是，鉴于婚姻关系的特殊性，即使房屋产权登记在一方名下，但如果该房屋系一方婚前承租，婚后用共同财产购买的，则该房屋属于夫妻共同财产。

自测小题

选择：方某和康某是夫妻，二人一起在外打工。方某以自己的名字承租了一套房屋，租期5年。几个月前，方某意外离世。房东要求提前收回房屋，康某想继续租赁。请问康某可以继续租赁房屋吗？①（ ）

A. 可以

B. 不可以

C. 除非房东同意，否则康某不得继续租赁房屋

婚前一方父母出资为双方购置的婚房属于夫妻共同财产吗？

案例实录

郑某与柳某经过一段时间的交往后决定结婚，郑某的父母也非常满意。由于郑某的父母做生意，家资颇丰，遂在两人准备结婚前，出钱购买了一栋别墅作为儿子的婚房。郑某与柳某结婚后，感情并不顺利。经过一段时间的吵闹后，两人最终无法继续生活，决定离婚。在分割财产时，柳某认为郑某的父母为他们购买的别

---

① 解答：A。

墅属于夫妻共同财产，也应一并作为共同财产进行分割。请问柳某的要求合理吗？

律师分析

该别墅是否属于夫妻共同财产要视具体情况而定。根据《民法典婚姻家庭编解释（一）》第二十九条第一款的规定，当事人结婚前，父母为双方购置房屋出资的，该出资应当认定为对自己子女个人的赠与，但父母明确表示赠与双方的除外。本案中，郑某的父母为郑某结婚出资购买的别墅，依法应被认定为对郑某的个人赠与，属于郑某的个人财产。但如果郑某的父母明确表示该别墅是对郑某和柳某的共同赠与，则应视为夫妻共有财产。

法条链接

《中华人民共和国民法典》

第一千零六十二条第一款　夫妻在婚姻关系存续期间所得的下列财产，为夫妻的共同财产，归夫妻共同所有：

（一）工资、奖金、劳务报酬；

（二）生产、经营、投资的收益；

（三）知识产权的收益；

（四）继承或者受赠的财产，但是本法第一千零六十三条第三项规定的除外；

（五）其他应当归共同所有的财产。

《最高人民法院关于适用〈中华人民共和国民法典〉婚姻家庭编的解释（一）》

第二十九条　当事人结婚前，父母为双方购置房屋出资的，该出资应当认定为对自己子女个人的赠与，但父母明确表示赠与双方的除外。

当事人结婚后，父母为双方购置房屋出资的，依照约定处理；没有约定或者约定不明确的，按照民法典第一千零六十二条第一款第四项规定的原则处理。

温馨提示

结婚前，父母为双方购置房屋出资的，一般视为对自己子女的个人赠与，而婚后父母出资的，一般视为对夫妻双方的赠与，但是，父母就具体赠与人作出明确意思表示的除外。此处的“明确表示”一般为书面意思表示或者公证证明。

自测小题

选择：梁某和郭某恋爱3年时，梁某的父母告知双方，将赠与二人一套房产，并准备了一份赠与合同。合同载明：如果梁某和郭某在5年内结婚，就为二人办理房屋所有权转移登记。梁某和郭某同意且在该合同上签字。关于该合同的效力，下列说法正确的是①(　)

A. 合法成立且有效

B. 因限制婚姻自由无效

C. 梁某和郭某签字后即生效

① 解答：A。

依法继承但未分割的遗产是否属于夫妻共同财产？

案例实录

王女士的父亲王老先生去世后遗留房产一套，遗嘱写明该房产由王女士和王老先生的再婚妻子张某继承。由于张某一直住在该房中，所以王女士没有办理房产更名手续。最近，王女士与丈夫刘先生因感情不和，双方欲协议离婚。在协商分割财产时，刘先生提出其岳父遗留的房产也应作为夫妻共同财产分割。王女士不同意刘先生的要求。请问刘先生可否通过离婚诉讼分割该套房产？

律师分析

《民法典婚姻家庭编解释（一）》第八十一条规定："婚姻关系存续期间，夫妻一方作为继承人依法可以继承的遗产，在继承人之间尚未实际分割，起诉离婚时另一方请求分割的，人民法院应当告知当事人在继承人之间实际分割遗产后另行起诉。"可见，夫妻共同财产应限定于夫妻关系存续期间已经获得所有权的财产，而夫妻离婚时尚未分割的财产不属夫妻共同财产。本案中，遗留的房产尚属于继承人王女士和继承人张某共同共有，双方均对该房产享有权利，只有待房产在王女士和张某之间分割完毕之后，刘先生才能提起诉讼请求分割。

法条链接

《最高人民法院关于适用〈中华人民共和国民法典〉婚姻家庭编的解释（一）》

第八十一条　婚姻关系存续期间，夫妻一方作为继承人依法可以继承的遗产，在继承人之间尚未实际分割，起诉离婚时另一方请求分割的，人民法院应当告知当事人在继承人之间实际分割遗产后另行起诉。

温馨提示

被继承人死亡后，继承人之间尚未实际分割完毕前，遗产属于继承人共同共有，即一个所有权多个所有权人的法律状态。遗产只有在实际分割完毕后，才属于继承人的个人财产，离婚关系中的双方当事人才能就此财产作出如何处分的意思表示。因此，如果离婚一方当事人要求分割对方依法可以继承但在离婚时尚未实际分割完毕的遗产的，只能待遗产在继承人之间分割完毕之后提起诉讼。

自测小题

选择：因继承取得的物权，自何时发生效力？① （ ）

A. 继承开始时

B. 继承人知道继承开始时

C. 继承人办理所有权转移登记时

住房公积金是否属于夫妻共同财产？

案例实录

张某和李某系经人介绍相识、结婚，婚后育有一子李某某。后李某某因车祸不幸死亡，张某在伤痛中无法自拔，认为丈夫李

---

① 解答：A。

某对此负有不可推卸的责任，遂与李某吵闹不止。李某不堪其扰，起诉至法院要求解除与张某的婚姻关系。李某提供了一份婚内协议，证明与张某就两处房产及其他财产分割达成协议，请求法院分割张某名下的住房公积金2万元。张某同意离婚，认可该协议，但对于单位给自己的住房公积金不同意分割。张某认为这属于自己的个人财产，不能分割。那么，法律对此是如何规定的呢？

律师分析

本案中涉及两个问题：第一，婚内财产协议的效力。由于案件中的婚内财产协议是双方当事人真实的意思表示，也没有违反法律或者行政法规的强制性规定，在双方当事人对此均表示认可的情况下，可以认定该协议的效力。第二，针对住房公积金是否属于夫妻双方共同财产的问题，根据《民法典婚姻家庭编解释（一）》第二十五条的规定，婚姻关系存续期间，下列财产属于民法典第一千零六十二条规定的“其他应当归共同所有的财产”：（1）一方以个人财产投资取得的收益；（2）男女双方实际取得或者应当取得的住房补贴、住房公积金；（3）男女双方实际取得或者应当取得的基本养老金、破产安置补偿费。根据该规定，住房公积金应属于夫妻共同财产，所以法院对李某的请求应予以支持。

法条链接

《中华人民共和国民法典》

第一千零六十二条　夫妻在婚姻关系存续期间所得的下列财产，为夫妻的共同财产，归夫妻共同所有：

（一）工资、奖金、劳务报酬；

（二）生产、经营、投资的收益；

（三）知识产权的收益；

（四）继承或者受赠的财产，但是本法第一千零六十三条第三项规定的除外；

（五）其他应当归共同所有的财产。

夫妻对共同财产，有平等的处理权。

《最高人民法院关于适用〈中华人民共和国民法典〉婚姻家庭编的解释（一）》

第二十五条　婚姻关系存续期间，下列财产属于民法典第一千零六十二条规定的“其他应当归共同所有的财产”：

（一）一方以个人财产投资取得的收益；

（二）男女双方实际取得或者应当取得的住房补贴、住房公积金；

（三）男女双方实际取得或者应当取得的基本养老金、破产安置补偿费。

温馨提示

住房公积金，是指国家机关、国有企业、城镇集体企业、外商投资企业、城镇私营企业及其他城镇企业、事业单位、民办非企业单位、社会团体及其在职职工缴存的长期住房储金。

自测小题

选择：夫或妻一方遭受工伤后，用人单位发放的慰问津贴属于[1]（　）

A. 夫或妻的个人财产　　　　B. 夫妻共同财产

① 解答：A。

军人各项所得费用中哪些属于个人财产？

案例实录

李某在18岁时应征入伍。后经人介绍，24岁的李某与孙某相识，恋爱一年后登记结婚。夫妻双方婚后因性格不合，协议离婚。但在财产分割上，李某在部队服役期间，曾经因公负伤获得伤亡保险金2万元。对于这部分财产，孙某坚决要求平分，而李某则不同意。那么，法律对于李某的伤亡保险金的归属是如何规定的呢？

律师分析

军人退役后，国家会给予军人安家、生活、医疗等方面的费用，这些费用对于保障退役军人的物质生活，减轻他们的家庭负担，解决他们的实际问题具有重要意义。本案中，对于李某在部队服役期间，因公负伤获得伤亡保险金2万元，由于其具有严格的人身属性，应当适用《民法典婚姻家庭编解释（一）》第三十条的规定："军人的伤亡保险金、伤残补助金、医药生活补助费属于个人财产。"所以，该2万元应当属于李某的个人财产，不应分割。

法条链接

《最高人民法院关于适用〈中华人民共和国民法典〉婚姻家庭编的解释（一）》

第三十条　军人的伤亡保险金、伤残补助金、医药生活补助费属于个人财产。

温馨提示

《民法典婚姻家庭编解释（一）》明确规定军人的伤亡保险金、伤残补助金、医药生活补助费属于其个人财产，而非夫妻共同财产。法律之所以这样规定，是因为：（1）军人的伤亡保险金与军人这一身份密切相关，具有特定的人身属性，应当属于军人一方的个人财产；（2）军人的伤残补助金符合《民法典》第一千零六十三条规定的“一方因受到人身损害获得的赔偿或者补偿”为夫妻一方的个人财产，故也应当归军人个人所有；（3）带病军人，既需要继续服用药品，又因失去了部分劳动能力，无法维持本人生活，所以，需要给予其适当的医药补助和生活补助，因此军人的医药生活补助费也属于其个人财产。

自测小题

选择：婚姻关系存续期间，出现以下哪些情况，夫妻一方可以向人民法院请求分割共同财产？[1]（　）

A. 吴某的父亲身患重病，其丈夫不愿意支付医疗费

B. 马某的丈夫偷偷借钱给亲戚买房

C. 雷某的妻子挥霍无度，严重损害夫妻共同财产利益

[1] 解答：AC。

未出版的知识产权可以作为夫妻共同财产进行分割吗?

案例实录

张某是一名作家，他在毕业后与大学同学吴某登记结婚。婚后他写了一本诗集，但张某并没有与任何出版社签订书面合同。1年后，张某与其妻吴某因为生活琐事不和，最后协议离婚。在离婚协议中就财产分割方面，其妻吴某要求对其所写的诗集享有的知识产权中的财产性收益进行分割。那么，张某未出版的诗集所享有的知识产权中的财产性收益是否能作为夫妻共同财产进行分割?

律师分析

根据《民法典婚姻家庭编解释（一）》第二十四条的规定，婚姻关系存续期间，实际取得或已经明确可以取得的知识产权的财产性收益为夫妻共同所有。本案中，张某与吴某的婚姻关系存续期间，张某没有与任何出版社签订书面合同，未确定该书是否出版，即在此期间该书是否出版，是否可以取得知识产权中财产性收益尚处于不确定状态，不是实际已取得或明确可以取得的财产性权益。知识产权财产性收益明确的时间在婚姻关系存续期间的，则无论收益的实际取得是在婚姻关系存续期间还是在离婚之后，该收益均为夫妻共同所有。

因此，在张某与吴某的婚姻关系存续期间，张某未出版的诗集是否会取得财产性收益尚处于不确定状态，不是实际已取得或明确可以取得的财产性收益，不属于夫妻共同财产，吴某不可以要求对其进行分割。如果张某在离婚后决定出版该书，签订合同并实际取得稿酬，则该稿酬仍为张某个人财产，不属于夫妻共同财产。

法条链接

《中华人民共和国民法典》

第一千零六十二条第一款　夫妻在婚姻关系存续期间所得的下列财产，为夫妻的共同财产，归夫妻共同所有：

（一）工资、奖金、劳务报酬；

（二）生产、经营、投资的收益；

（三）知识产权的收益；

……

《最高人民法院关于适用〈中华人民共和国民法典〉婚姻家庭编的解释（一）》

第二十四条　民法典第一千零六十二条第一款第三项规定的"知识产权的收益"，是指婚姻关系存续期间，实际取得或者已经明确可以取得的财产性收益。

温馨提示

所谓知识产权的收益，是指由于智力成果而取得的财产性收益，是基于智力创造性活动所产生的由法律赋予知识产权所有人对其智力成果所享有的某些专有权利。对于婚后夫妻一方取得的知识产权是否属于夫妻共同财产，应把握以下要点：(1) 知识产权中的人身权只归知识产权人专有，不因婚姻关系而发生共有；(2) 在婚姻关系存续期间，夫妻一方实际取得或者已经明确可以取得的财产性收益应属夫妻共同财产，归夫妻共有。

自测小题

选择：根据我国现行法的规定，以下哪些属于知识产权？[①]（ ）

A. 版权　　B. 专利权

C. 荣誉权　　D. 商标权

丈夫死亡，妻子还要偿还丈夫生前的债务吗？

案例实录

2018年12月，被告张某的丈夫王某曾向原告卜某借款35000元，用于购买某产品。王某为原告书写了借条，借条写明：今借到卜某现金35000元整，用于购买某产品。在场的李某、杨某作为双方借款的证人也在该借条上签了名字。去年，被告张某的丈夫王某因病去世。不久前，原告拿着王某的借条向其妻张某索要该笔款项，但张某提出，借条上说丈夫借款是用于购买某产品，她不知情，相关的收益也没有用于家庭，而且自己不识字，不知道纸条是谁写的，所以拒绝还款。请问原告的请求会得到法院的支持吗？

律师分析

对于夫妻共同债务，应当由夫妻共同承担偿还义务。也就是说，夫妻中的任何一方，都有义务偿还所有的夫妻共同债务。本案中，原告与被告的丈夫王某之间的借贷关系发生在王某与张某的婚姻关系存续期间，借贷关系明确，根据《民法典》第一千零

① 解答：ABD。

六十四条的规定，夫妻一方在婚姻关系存续期间以个人名义为家庭日常生活所负债务，为夫妻共同债务；夫妻一方在婚姻关系存续期间以个人名义超出家庭日常生活需要所负的债务，不属于夫妻共同债务，除非债权人能够证明该债务用于夫妻共同生活、共同生产经营或者基于夫妻双方共同意思表示。本案的借款关系是在夫妻关系存续期间形成的以夫妻一方的名义产生的债务，且借条中明确载明借款用途并不是家庭共同生活。如果原告能够证明该笔债务的确用于张某夫妻家庭共同生活或生产经营，该笔债务就是夫妻共同债务，张某需要承担还款义务；如果不能，该笔债务就是王某的个人债务，用其遗产偿还，张某就不需要承担额外的清偿责任。

法条链接

《中华人民共和国民法典》

第一千零六十四条　夫妻双方共同签名或者夫妻一方事后追认等共同意思表示所负的债务，以及夫妻一方在婚姻关系存续期间以个人名义为家庭日常生活需要所负的债务，属于夫妻共同债务。

夫妻一方在婚姻关系存续期间以个人名义超出家庭日常生活需要所负的债务，不属于夫妻共同债务；但是，债权人能够证明该债务用于夫妻共同生活、共同生产经营或者基于夫妻双方共同意思表示的除外。

《最高人民法院关于适用〈中华人民共和国民法典〉婚姻家庭编的解释（一）》

第三十六条　夫或者妻一方死亡的，生存一方应当对婚姻关系存续期间的夫妻共同债务承担清偿责任。

温馨提示

夫或妻一方死亡的，夫妻关系即告终结，但是夫妻关系存续期间产生的债务尚未结束的，生存一方应当对婚姻关系存续期间的共同债务承担连带清偿责任。为了整个社会的公平、公正，为了最大限度地保护债权人的利益，夫妻债务的连带清偿责任是无条件的，不以死亡一方有无遗产或夫妻双方婚后有无共同财产为条件，也就是说不管死者有无遗产，只要是夫妻共同债务，生存的一方就有义务承担清偿责任。

自测小题

选择：高某死亡后，其妻子放弃继承高某的遗产，是否需要就高某的债务承担清偿责任?[①]（ ）

A. 需要　　　　B. 不需要

① 解答：B。

第四章

离婚纠纷

我国法律对“离婚冷静期”是如何规定的?

案例实录

去年国庆节，董某和王某在亲朋好友的见证下步入了婚姻的殿堂。但两人自结婚半年后由于家庭琐事一直争吵不停。两人都觉得没有一起生活的必要了，于是经过协商后决定离婚。两人来到民政局办理离婚手续，没想到却被工作人员告知不能马上领取离婚证，需要一个冷静期，过了冷静期如果还想离婚，再过来领取离婚证。两人对此很疑惑，不知道什么是“离婚冷静期”，也不知道“离婚冷静期”有多少天。

律师分析

《民法典》第一千零七十七条规定：“自婚姻登记机关收到离婚登记申请之日起三十日内，任何一方不愿意离婚的，可以向婚姻登记机关撤回离婚登记申请。前款规定期限届满后三十日内，双方应当亲自到婚姻登记机关申请发给离婚证；未申请的，视为撤回离婚登记申请。”这里提到的30天就是“离婚冷静期”。具体而言，这一规定是指为了防止夫妻轻率离婚，夫妻向婚姻登记机关申请离婚时，不能马上拿到离婚证，需要再考虑30天。如果

30天后夫妻还想离婚，再向婚姻登记机构申请发放离婚证。

在上面的案例中，董某和王某如果想通过登记离婚，需要在提交离婚申请30天后再次向婚姻登记机关申请发放离婚证。

法条链接

《中华人民共和国民法典》

第一千零七十七条　自婚姻登记机关收到离婚登记申请之日起三十日内，任何一方不愿意离婚的，可以向婚姻登记机关撤回离婚登记申请。

前款规定期限届满后三十日内，双方应当亲自到婚姻登记机关申请发给离婚证；未申请的，视为撤回离婚登记申请。

温馨提示

“离婚冷静期”只适用于夫妻双方向婚姻登记机关申请离婚的情形，不适用于诉讼离婚，其存在是为了避免夫妻双方因一时冲动而结束婚姻。

自测小题

问答：王先生和陈女士因家庭矛盾闹离婚，两人去民政局申请离婚后，被告知经过30天再来申请发放离婚证。后来，由于两人工作繁忙，直到期限届满后第40天，王先生才想起离婚申请一事。那么，他们还能按原来的计划领到离婚证吗？①

① 解答：不能按原来的计划领到离婚证。在30日内，双方未申请发给离婚证的，视为撤回离婚登记申请。如果他们还想离婚，需要再经过一次“离婚冷静期”。

未婚同居发生纠纷诉至法院，法院会受理吗？

案例实录

秦先生与江女士在交往期间就同居在一起，并且生有一个孩子。两年后因生活压力导致感情破裂，双方产生了矛盾要分手。但是，二人在孩子的抚养权问题上发生了争议。由于是未婚同居，江女士认为法院应该不受理这类问题。我国法院会不会受理他们的纠纷呢？

律师分析

现实生活中，男女双方自由恋爱，在没有登记结婚的情况下就开始同居生活的情况很常见，财产上的纠纷时有发生。本案的情况就是如此。

《民法典婚姻家庭编解释（一）》第三条第二款规定："当事人因同居期间财产分割或者子女抚养纠纷提起诉讼的，人民法院应当受理。"据此可知，法院会受理同居后一方因同居期间财产分割或子女抚养纠纷而提起的诉讼。当然，国家这样做不是从法律上肯定非婚同居的正当性，而是为了维护当事人的人身权益和财产权益。也就是说，未婚同居没有办理婚姻登记的，后来发生纠纷时也可以运用法律手段维护自身的权益。因此，秦先生和江女士对于孩子抚养权问题产生的纠纷可以通过法律途径获得解决。

法条链接

《最高人民法院关于适用〈中华人民共和国民法典〉婚姻家庭编的解释（一）》

第三条　当事人提起诉讼仅请求解除同居关系的，人民法院不予受理；已经受理的，裁定驳回起诉。

当事人因同居期间财产分割或者子女抚养纠纷提起诉讼的，人民法院应当受理。

温馨提示

《民法典婚姻家庭编解释（一）》第三条的规定表明，当事人起诉仅请求解除同居关系的，人民法院不予受理。人民法院审理同居关系纠纷，目的和重点在于解决同居期间的财产纠纷和子女抚养问题。同居生活状态是当事人私人生活领域的事情，只要其不违反法律规定，没有损害他人的合法权益，就应该尽量减少对当事人意思表示的干预。至于“有配偶者与他人同居”的关系，是一种严重影响一夫一妻制，对于社会风气产生极大破坏作用，侵犯他人合法权益的行为，违反了《民法典》中“禁止有配偶者与他人同居”的规定，其行为侵害了社会公共利益，突破了道德范畴，必须由法律做出调整。

自测小题

选择：吴某和魏某在恋爱期间同居了2年。上个月，魏某突发疾病去世，没留下任何遗嘱。吴某有权继承魏某的遗产吗？[1]（　）

A. 有权　　　　B. 无权

① 解答：B。

一方起诉离婚，另一方却申请宣告婚姻无效，法院该如何处理？

案例实录

张某与王某是夫妻。婚后，双方由于无法容忍对方的一些习惯，致使矛盾重重。于是，张某向法院起诉请求离婚。而王某则请求法院宣告其与张某的婚姻无效。法院在审理中发现：张某在与王某结婚前，曾与李某登记结婚，且一直未离婚。王某对此事并不知情，张某是隐瞒了已婚的事实与王某办理了结婚登记。那么，本案该如何处理？

律师分析

本案中，张某与王某的婚姻属于重婚，即有配偶者与他人登记结婚。重婚属于《民法典》第一千零五十一条规定的婚姻无效情形。当法院既受理了张某的离婚诉讼，又受理了王某宣告婚姻无效的申请时，根据《民法典婚姻家庭编解释（一）》第十三条的规定，应当首先对无效婚姻作出判决，如果该婚姻确属无效婚姻，人民法院应当依法判决，将婚姻无效的情形告知当事人，并依法作出宣告婚姻无效的判决。原告申请撤诉的，不予准许。该婚姻被宣告为无效婚姻后，自始不发生法律效力，也就没必要再对其离婚诉讼进行审理了。因此，本案中，由于张某与王某的婚姻系重婚，属于法定的婚姻无效情形，因此，应当首先审查确认并宣告该婚姻为无效婚姻。而对于张某的重婚罪，则另案处理。

法条链接

《最高人民法院关于适用〈中华人民共和国民法典〉婚姻家庭编的解释（一）》

第十三条　人民法院就同一婚姻关系分别受理了离婚和请求确认婚姻无效案件的，对于离婚案件的审理，应当待请求确认婚姻无效案件作出判决后进行。

温馨提示

男女双方就同一婚姻关系分别提出诉讼离婚和申请宣告婚姻无效的，应当先对婚姻效力问题作出判决，然后对离婚案件进行审理。如果该婚姻关系被宣告无效，受理离婚案件的人民法院应当驳回当事人关于离婚案件的起诉。但如果当事人在申请宣告婚姻无效的同时，请求处理无效婚姻引起的子女抚养和财产分割争议，人民法院可以继续审理。

自测小题

选择：婚姻被宣告无效之后，将产生以下法律效果：①（　）

A. 婚姻自始无效，当事人不具有夫妻的权利和义务

B. 同居期间所得的财产，由当事人协议处理；协议不成的，由人民法院根据照顾无过错方的原则判决

C. 无过错方有权要求过错方适当补偿

① 解答：ABC。

因丈夫有外遇导致离婚，妻子可以主张精神损害赔偿吗？

案例实录

唐某与常某婚后感情尚可。但从孩子出生后，丈夫常某就有了“小三”，对家人不闻不问，后经家人百般苦劝，常某仍不回头。无奈之下，唐某向法院提出离婚。常某有些慌张，他向唐某承认错误，并表示要与“小三”断绝关系。唐某表示给丈夫一次改过的机会。谁知，常某经不起“小三”的诱惑，竟然带着“小三”离家出走。唐某遂向法院提出离婚，并要求常某赔偿精神损害。法院会支持唐某的请求吗？

律师分析

在双方婚姻关系存续期间，丈夫有外遇，违背了夫妻之间互相忠实的法定义务。对夫妻感情破裂存在过错，使妻子遭受了一定的精神损害。因此，《民法典》对此类问题明确规定，有配偶者与他人同居导致离婚的，无过错方有权请求损害赔偿。此外，《民法典婚姻家庭编解释（一）》第八十九条规定：“当事人在婚姻登记机关办理离婚登记手续后，以民法典第一千零九十一条规定为由向人民法院提出损害赔偿请求的，人民法院应当受理。但当事人在协议离婚时已经明确表示放弃该项请求的，人民法院不予支持。”

法条链接

《中华人民共和国民法典》

第一千零九十一条　有下列情形之一，导致离婚的，无过错方有权请求损害赔偿：

（一）重婚；

（二）与他人同居；

（三）实施家庭暴力；

（四）虐待、遗弃家庭成员；

（五）有其他重大过错。

《最高人民法院关于适用〈中华人民共和国民法典〉婚姻家庭编的解释（一）》

第八十九条 当事人在婚姻登记机关办理离婚登记手续后，以民法典第一千零九十一条规定为由向人民法院提出损害赔偿请求的，人民法院应当受理。但当事人在协议离婚时已经明确表示放弃该项请求的，人民法院不予支持。

温馨提示

为了保护离婚时无过错方的合法权益，预防和惩治重婚、婚外同居、家庭暴力或虐待、遗弃家庭成员等行为，2001 年 4 月 28 日修订实施的《婚姻法》正式规定了离婚案件过错赔偿制度，后《民法典》婚姻家庭编延续了该项制度，仍然由配偶中有重大过错导致家庭关系破裂的一方在离婚时赔偿另一方所遭受的精神损失和财产损失。但是应当注意，当事人在协议离婚时已经明确表示放弃该项请求，或者在办理离婚登记手续一年后提出的，法院对该请求不再予以支持。

自测小题

选择：丈夫出轨其他女性并与之共同居住，与他分居的妻子

可以主张损害赔偿吗？[①]（ ）

A. 可以　　　　　　B. 不可以

丈夫实施家暴，法院应当判决离婚吗？

案例实录

高某与柳某结婚已有几年，二人育有一子一女。高某性格暴躁，经常酗酒，醉酒后总是打骂妻子柳某。柳某为了孩子一直忍受，但高某丝毫没有改过的迹象。柳某不堪忍受，要求离婚，但高某不同意，于是柳某到法院起诉申请离婚。法院会判决离婚吗？

律师分析

《民法典》规定了人民法院准予离婚的法定情形，其中包括：重婚或者有配偶者与他人同居的，实施家庭暴力或者虐待、遗弃家庭成员的，有赌博、吸毒等恶习屡教不改的，因为感情不和分居满2年的，其他导致夫妻感情确已破裂的情形以及一方被宣告失踪，另一方提起离婚诉讼的。本案中，高某经常在醉酒后殴打柳某，可以被认定为实施家庭暴力，属于准予离婚的法定情形，人民法院如果经调解无效的，应当判决离婚。

---

① 解答：A。

法条链接

《中华人民共和国民法典》

第一千零七十九条　夫妻一方要求离婚的，可以由有关组织进行调解或者直接向人民法院提起离婚诉讼。

人民法院审理离婚案件，应当进行调解；如果感情确已破裂，调解无效的，应当准予离婚。

有下列情形之一，调解无效的，应当准予离婚：

（一）重婚或者与他人同居；

（二）实施家庭暴力或者虐待、遗弃家庭成员；

（三）有赌博、吸毒等恶习屡教不改；

（四）因感情不和分居满二年；

（五）其他导致夫妻感情破裂的情形。

一方被宣告失踪，另一方提起离婚诉讼的，应当准予离婚。

经人民法院判决不准离婚后，双方又分居满一年，一方再次提起离婚诉讼的，应当准予离婚。

温馨提示

离婚是指夫妻双方通过协议或诉讼的方式解除婚姻关系，终止夫妻间权利和义务的法律行为。按照《民法典》的规定，如果感情确已破裂，调解无效，应准予离婚。夫妻“感情确已破裂”是判决离婚的法定条件。在司法实践中，认定夫妻感情是否确已破裂，应从婚姻基础、婚后感情、离婚原因、夫妻关系的现状和有无和好的可能等方面综合分析。如果确定夫妻感情确已破裂，经调解无效的，人民法院应做出准予离婚的判决。

自测小题

选择：遭遇家庭暴力后，受害人可以向（　）[1]申请人身安全保护令。

A. 民政局　　B. 公安局　　C. 人民法院

丈夫可以因生育权被侵犯请求法院判决离婚吗？

案例实录

胡某是某中学老师，两年前他与在某外企担任领导职务的张某结婚。婚后张某不愿意生孩子，总是悄悄采取措施，蒙在鼓里的胡某开始怀疑是自己生育能力有问题。后来准备去医院做检查时，张某才道出实情。为了生孩子一事，胡某与张某争吵不休。胡某一怒之下提出离婚。那么，法院会支持胡某的诉讼请求吗？

律师分析

生育是男女双方的共同行为，不可能依靠单方实现。男女双方均有生育权，但生育权首先是一种选择权，不能强求。《妇女权益保障法》第五十一条第一款规定："妇女有按照国家有关规定生育子女的权利，也有不生育的自由。"从这一规定可以看出，女方的生育权优先得到保护，生育不是婚姻的必然结果。

本案中，张某不愿意生孩子的做法其实是对自身权利的一种处分。如果双方因为生育权纠纷导致感情破裂而请求离婚，根据

---

① 解答：C。

《民法典婚姻家庭编解释（一）》第二十三条和《民法典》第一千零七十九条的规定，法院可以判决离婚。

法条链接

《中华人民共和国民法典》

第一千零七十九条　夫妻一方要求离婚的，可以由有关组织进行调解或者直接向人民法院提起离婚诉讼。

人民法院审理离婚案件，应当进行调解；如果感情确已破裂，调解无效的，应当准予离婚。

有下列情形之一，调解无效的，应当准予离婚：

……

（五）其他导致夫妻感情破裂的情形。

……

《最高人民法院关于适用〈中华人民共和国民法典〉婚姻家庭编的解释（一）》

第二十三条　夫以妻擅自中止妊娠侵犯其生育权为由请求损害赔偿的，人民法院不予支持；夫妻双方因是否生育发生纠纷，致使感情确已破裂，一方请求离婚的，人民法院经调解无效，应依照民法典第一千零七十九条第三款第五项的规定处理。

《中华人民共和国妇女权益保障法》

第五十一条第一款　妇女有按照国家有关规定生育子女的权利，也有不生育的自由。

温馨提示

在婚姻中，夫妻双方常常为是否生育子女而产生分歧。常见的情况是，一方强烈希望生育子女，而另一方强烈反对。如果双方因此发生重大分歧导致感情破裂，一方请求离婚，法院会根据《民法典》第一千零七十九条第三款第五项的规定，认定这是“其他导致夫妻感情破裂的情形”，并判决离婚。

自测小题

选择：陈某和吴某系夫妻，因为吴某不喜欢小孩，遂约定丁克。去年，二人婚变。离婚时，陈某可以以吴某不愿意生孩子为由主张离婚损害赔偿吗？[①]（　）

A. 可以　　　　B. 不可以

妻子怀孕期间情绪不稳定丈夫可以因此要求离婚吗？

案例实录

范女士与刘先生登记结婚后很快就怀孕了，刘先生非常高兴。可是，刘先生的兴奋没有延续多长时间，妻子怀孕期间不但生理反应很大，而且性情大变，总是对丈夫百般挑剔，甚至会情绪失控，对公公、婆婆大喊大叫。刘先生实在不堪忍受而向法院提出离婚，法院会判决准予离婚吗？

律师分析

生孩子本是夫妻两个人的事，双方要共同面对，共同努力完成。怀孕期间的妇女，因其生理、心理等各方面不同程度地发生

---

① 解答：B。

变化，随着孩子在母体不断长大，女性的行动会越来越笨拙，此时，更加需要丈夫的爱护与关怀。女性是怀孕生子的载体，孩子在母亲体内孕育成长，引起身体变化的同时，也会引起女性心理的变化，表现出情绪上的波动属于正常反应。对此，《民法典》也有相关规定，在女方怀孕期间、分娩后1年内以及终止妊娠后6个月内，男方不得提出离婚。现实生活中，有很多女性在怀孕期间都会有情绪波动，甚至性情大变，这是正常的生理和心理反应，男方应多些耐心与呵护，不应因此提出离婚。即使提出离婚，法院也不会受理。

法条链接

《中华人民共和国民法典》

第一千零八十二条　女方在怀孕期间、分娩后一年内或者终止妊娠后六个月内，男方不得提出离婚；但是，女方提出离婚或者人民法院认为确有必要受理男方离婚请求的除外。

温馨提示

《民法典》第一千零八十二条的规定是为了保护妇女和儿童的合法权益，但该条只是对男方离婚请求权暂时性的限制，超过法律规定的期限，不再适用此规定。不过，男方在此期间并不是绝对没有离婚请求权，法律还有例外规定，即人民法院认为“确有必要”的，也可以根据具体情况受理男方的离婚请求。所谓“确有必要”，一般是指比该条特别保护利益更为重要的利益需要关注的情形。比如，在此期间双方确实存在不能继续共同生活的重大而急迫的事由，已对他方有危及生命安全、人身安全的可能。

为了照顾女方怀孕期间和分娩后1年内或终止妊娠后6个月内的特殊情况，保护胎儿、婴儿的健康，维护妇女的身心健康，对男方提出离婚进行限制是完全合理的。

自测小题

选择：现行法中，对孕期女性的保护体现在①(　)

A. 怀孕期间，男方一般不得提出离婚

B. 怀孕女职工生育可享受不少于90天的产假

C. 用人单位不得单方解除与孕期女职工的劳动合同

现役军人的配偶要求离婚必须征得对方的同意吗?

案例实录

薛某回家探亲时与同村姑娘吴某确定了恋爱关系，并很快登记结婚。婚后不久，丈夫调驻西藏，吴某独自在家照顾公婆。两年后，丈夫回来探亲，吴某告诉丈夫，自己实在无法忍受一个人的生活，要求与薛某离婚。薛某不同意，吴某遂到法院起诉。法院会支持吴某的诉讼请求吗?

律师分析

如果夫妻一方是现役军人，属于军婚，本着保护军婚的原则，夫妻离婚必须经过军人一方同意。一般情况下男方没有过错，女方不能提出离婚。《民法典》对此有明确规定，如果现役军人没

---

① 解答：ABC。

有重大过错，其配偶要求离婚，须得军人同意。所谓“现役军人”是指具有军籍的正在人民解放军或者人民武装警察部队服役的男女军人。所谓“离婚必须得到军人同意”，仅适用于非军人一方向现役军人一方提出离婚的情况。如果是现役军人一方向非军人一方提出离婚，或者双方都是现役军人离婚，应当按照一般的离婚案件处理。“军人一方有重大过错”，主要包括以下内容：一是军人一方重婚或者与他人同居；二是军人一方实施家庭暴力或者虐待、遗弃家庭成员；三是军人一方有赌博、吸毒等恶习屡教不改。本案中，除非吴某有证据证明薛某有上述重大过错，否则法院不会支持其离婚请求。

法条链接

《中华人民共和国民法典》

第一千零八十一条　现役军人的配偶要求离婚，应当征得军人同意，但是军人一方有重大过错的除外。

《最高人民法院关于适用〈中华人民共和国民法典〉婚姻家庭编的解释（一）》

第六十四条　民法典第一千零八十一条所称的“军人一方有重大过错”，可以依据民法典第一千零七十九条第三款前三项规定及军人有其他重大过错导致夫妻感情破裂的情形予以判断。

温馨提示

现行法在离婚问题上对现役军人进行必要的特殊保护，是符合国家根本利益的，是巩固国防、保卫祖国的需要。当然，在处理具体案件时，既要对现役军人予以特殊照顾，也要保护非军人的合法权益。如果夫妻感情确已破裂，经调解工作和好无望，法院认为确有离婚必要的，应通过相关途径，做好军人的思想工作，准予离婚。

自测小题

选择：军婚中，军人一方出现以下哪些过错，其配偶要求离婚不必经对方同意？[①]（ ）

A. 长期出轨并与对方同居

B. 久不归家

C. 虐待动物

双方达成了离婚协议，应当如何办理离婚手续？

案例实录

金女士与陈先生已经结婚7年，两人一直谨慎地经营婚姻，但是终因一些无法调和的矛盾而决定离婚，并就财产分割、子女抚养问题达成协议。他们不知此时是向法院提起离婚诉讼，还是可以直接到婚姻登记机关办理离婚手续。

律师分析

我国法律规定，诉讼并不是离婚的必经途径。协议离婚应该是最经济、最快捷的离婚途径。根据现行的《民法典》和《婚姻登记条例》的相关规定，男女双方自愿离婚的，应当签订书面的离婚协议，就子女抚养和财产分割问题达成一致。然后，双方可

---

① 解答：A。

以带上本人的户口簿、身份证、结婚证以及双方当事人共同签署的离婚协议书直接到婚姻登记机关申请离婚。需要注意的是，离婚证不是申请之后就可以马上办理的，婚姻登记机关需要对当事人提交的资料进行审查。而且，法律规定了“冷静期”，即自婚姻登记机关收到离婚登记申请之日起30日内，任何一方不愿意离婚的，可以向婚姻登记机关撤回离婚登记申请。若当事人仍然决定离婚，就要在前述期限届满后30日内，亲自到婚姻登记机关申请发给离婚证，如果没有申请，即视为撤回离婚登记申请。“冷静期”过后，婚姻登记机关对男女的离婚申请经过审查认为符合登记离婚条件的，当场发给双方离婚证。男女双方在取得离婚证后，夫妻关系彻底解除。

法条链接

《中华人民共和国民法典》

第一千零七十六条　夫妻双方自愿离婚的，应当签订书面离婚协议，并亲自到婚姻登记机关申请离婚登记。

离婚协议应当载明双方自愿离婚的意思表示和对子女抚养、财产以及债务处理等事项协商一致的意见。

第一千零七十七条　自婚姻登记机关收到离婚登记申请之日起三十日内，任何一方不愿意离婚的，可以向婚姻登记机关撤回离婚登记申请。

前款规定期限届满后三十日内，双方应当亲自到婚姻登记机关申请发给离婚证；未申请的，视为撤回离婚登记申请。

第一千零七十八条　婚姻登记机关查明双方确实是自愿离婚，

并已经对子女抚养、财产以及债务处理等事项协商一致的，予以登记，发给离婚证。

《婚姻登记条例》

第十一条第一款、第三款　办理离婚登记的内地居民应当出具下列证件和证明材料：

（一）本人的户口簿、身份证；

（二）本人的结婚证；

（三）双方当事人共同签署的离婚协议书。

离婚协议书应当载明双方当事人自愿离婚的意思表示以及对子女抚养、财产及债务处理等事项协商一致的意见。

温馨提示

我国的离婚制度分为协议离婚和诉讼离婚两种。协议离婚也叫“双方自愿离婚”，是指婚姻关系当事人达成离婚合意并通过婚姻登记程序解除婚姻关系的法律制度。其主要特征，一是当事人双方在离婚以及子女抚养和财产问题上意愿一致，达成协议；二是按照离婚登记程序办理离婚登记，取得离婚证，即解除婚姻关系。

自测小题

选择：大连户籍的向某和上海户籍的程某欲协议离婚，二人应当到(　　)办理离婚登记。①

A. 大连　　　　B. 上海　　　　C. 大连或上海皆可

① 解答：C。

离婚时，夫妻共同财产应如何分割？

案例实录

王某与大学同学李某毕业不久后就登记结婚了。婚后，二人对生活中的琐事多次出现分歧，现夫妻感情确已破裂，无法共同生活，遂协议离婚。家庭财产有位于某市的住宅一套，经评估该房产价值46万元；近两年，王某在某银行有存款合计人民币30万元。那么，二人离婚后，财产该如何分割？

律师分析

对于夫妻的共同财产，在离婚时，双方应协议处理。协议不成的，则由人民法院根据财产的具体情况，并按照照顾子女、女方和无过错方权益的原则判决。本案中的财产，价值46万元的楼房与存款30万元均属于夫妻共同财产，在王某与李某离婚时，二人应当协议解决，协商不成的，则由人民法院判决。

法条链接

《中华人民共和国民法典》

第一千零八十七条　离婚时，夫妻的共同财产由双方协议处理；协议不成的，由人民法院根据财产的具体情况，按照照顾子女、女方和无过错方权益的原则判决。

对夫或者妻在家庭土地承包经营中享有的权益等，应当依法予以保护。

温馨提示

在夫妻共同财产分割时，《民法典》第一千零九十二条规定：“夫妻一方隐藏、转移、变卖、毁损、挥霍夫妻共同财产，或者伪造夫妻共同债务企图侵占另一方财产的，在离婚分割夫妻共同财产时，对该方可以少分或者不分。离婚后，另一方发现有上述行为的，可以向人民法院提起诉讼，请求再次分割夫妻共同财产。”这里要说明的是，此项请求权的行使受到诉讼时效的限制，即权利人自知道或应当知道权利被侵害时起计算，3 年后再向人民法院提起诉讼则丧失胜诉权。

自测小题

选择：协议离婚之后，一方当事人发现对方有隐匿夫妻共同财产的行为，其可以①(　)

A. 请求婚姻登记机关撤销离婚登记

B. 请求人民法院宣告离婚无效

C. 请求人民法院再次分割夫妻共同财产

签订离婚协议后，还能提出损害赔偿请求吗？

案例实录

陈某与胡某自结婚以来，二人婚姻生活一直不幸福。后来，妻子胡某得知丈夫陈某包养情人的事情，在苦劝无效后，决定离

① 解答：C。

婚。商议之后，两人签署了离婚协议。协议生效后，胡某越想越生气，认为丈夫的行为让自己遭受了很大的痛苦，想让他赔偿精神损失费。胡某遂向法院提起诉讼，要求陈某给付损害赔偿。胡某可以提起这样的诉讼吗？

律师分析

胡某可以向法院起诉，要求陈某给付损害赔偿。尽管胡某与陈某协议离婚，但是，这并不能成为胡某维护自己合法权益的障碍。为了保护婚姻生活中的弱势群体，我国相关法律特别作出了规定，即使采用协议离婚的方式结束婚姻关系，无过错的一方仍然有权要求损害赔偿。《民法典婚姻家庭编解释（一）》第八十九条规定："当事人在婚姻登记机关办理离婚登记手续后，以民法典第一千零九十一条规定为由向人民法院提出损害赔偿请求的，人民法院应当受理。但当事人在协议离婚时已经明确表示放弃该项请求的，人民法院不予支持。"由此可知，胡某在协议离婚后，可以向人民法院提起离婚损害赔偿诉讼。

法条链接

《中华人民共和国民法典》

第一千零九十一条　有下列情形之一，导致离婚的，无过错方有权请求损害赔偿：

（一）重婚；

（二）与他人同居；

（三）实施家庭暴力；

（四）虐待、遗弃家庭成员；

（五）有其他重大过错。

《最高人民法院关于适用〈中华人民共和国民法典〉婚姻家庭编的解释（一）》

第八十九条　当事人在婚姻登记机关办理离婚登记手续后，以民法典第一千零九十一条规定为由向人民法院提出损害赔偿请求的，人民法院应当受理。但当事人在协议离婚时已经明确表示放弃该项请求的，人民法院不予支持。

温馨提示

离婚损害赔偿制度是夫妻一方因法律规定的事由而导致离婚，有过错方在离婚时对无过错方所遭受的损失给予赔偿的制度。《民法典婚姻家庭编解释（一）》第八十九条对协议离婚后又提起损害赔偿请求作出了规定：当事人在婚姻登记机关办理离婚登记手续后，仍有权利提出损害赔偿请求；但是当事人在协议离婚时明确表示放弃损害赔偿请求权的，人民法院不予支持。

自测小题

选择：出现以下哪种情形，无过错方在离婚时有权主张离婚损害赔偿?①（　）

A. 配偶拒绝照顾岳父

B. 配偶在外嫖娼

C. 配偶酗酒后殴打子女

① 解答：C。

离婚后发现对方在婚姻关系存续期间购买房产，可以请求再次分割吗？

案例实录

李某与王某原是夫妻。婚姻关系存续期间，李某购买了一套商品房（登记在别人的名下），价值约50万元，王某对此并不知情。之后不久，王某以双方感情不和为由提出离婚，并签订了离婚协议，结束了这段婚姻。离婚分割财产时，没有对上述商品房进行分割。事隔半年后，王某得知李某在婚姻关系存续期间购买商品房之事，以该商品房应属夫妻共同财产，自己有权分割为由，诉至法院。王某提出分割该商品房的请求有法律依据吗？

律师分析

《民法典婚姻家庭编解释（一）》第八十三条规定，对于离婚后一方发现在离婚时还有遗漏的夫妻共同财产未分割的，可以请求法院再次对未分割的夫妻共同财产进行分割。本案的关键是，李某于婚姻关系存续期间购买的商品房是否为夫妻共同财产。《民法典》第一千零六十五条第一款规定："男女双方可以约定婚姻关系存续期间所得的财产以及婚前财产归各自所有、共同所有或者部分各自所有、部分共同所有。约定应当采用书面形式。没有约定或者约定不明确的，适用本法第一千零六十二条、第一千零六十三条的规定。"可见，在夫妻对于婚姻关系存续期间以及婚前财产没有约定或约定不明确的，适用法定的夫妻共同财产制。本案中，李某购买的商品房，因是婚姻关系存续期间所购买，在二人没有对其进行约定的情形下该套商品房应属于夫妻共同财产，双方对夫妻共同财产享有平等的权利。因双方在协议离婚时未对该商品房的权属作出处理，王某请求对该商品房进行分割符合法律规定。

法条链接

《最高人民法院关于适用〈中华人民共和国民法典〉婚姻家庭编的解释（一）》

第八十三条　离婚后，一方以尚有夫妻共同财产未处理为由向人民法院起诉请求分割的，经审查该财产确属离婚时未涉及的夫妻共同财产，人民法院应当依法予以分割。

《中华人民共和国民法典》

第一千零六十五条第一款　男女双方可以约定婚姻关系存续期间所得的财产以及婚前财产归各自所有、共同所有或者部分各自所有、部分共同所有。约定应当采用书面形式。没有约定或者约定不明确的，适用本法第一千零六十二条、第一千零六十三条的规定。

温馨提示

现实生活中，在签订离婚协议时夫妻共同财产没有全部予以分割的情况经常存在。根据《民法典》及相关司法解释的规定，夫妻双方协议离婚后就财产分割问题反悔，请求撤销财产分割协议的，人民法院应当受理。双方离婚后，一方发现还有遗漏的夫妻共同财产未分割，向人民法院提起诉讼请求分割的，法院依法审查该财产，若确属于夫妻共同财产的，法院会予以分割。

自测小题

填空：离婚时，一方伪造债务企图侵占另一方财产的，在分割夫妻共同财产时，对伪造债务的一方，可以______①。

离婚协议约定将房产赠与妻子，离婚后却拒绝变更产权怎么办？

案例实录

徐先生和何女士因夫妻感情破裂协议离婚，并签订了协议书，其中一条约定“甲方（男方）和乙方（女方）居住的一套商品房80平方米，婚前产权属于甲方所有，现考虑到离婚后女儿归乙方抚养，同时乙方和女儿无住房，因此甲方同意离婚后将此房赠与乙方，并协助乙方办理房产过户手续”。之后，二人去婚姻登记机关办理了离婚手续。何女士和女儿一直居住在这套房中。可是，半年过后，徐先生突然说自己不愿把房子赠与何女士了，并向法院起诉，要撤销离婚协议中关于赠与房产的条款。那么，徐某与何某在离婚时签订的财产分割协议对徐某还有约束力吗？

律师分析

《民法典婚姻家庭编解释（一）》第六十九条第二款规定：“当事人依照民法典第一千零七十六条签订的离婚协议中关于财产

① 解答：少分或不分财产。

以及债务处理的条款，对男女双方具有法律约束力。登记离婚后当事人因履行上述协议发生纠纷提起诉讼的，人民法院应当受理。”由此可见，离婚协议中的财产分割条款，对双方当事人均具有法律约束力，任何一方都不能随意变更或撤销。既然离婚协议中的财产分割条款对离婚双方当事人有约束力，那么财产赠与作为财产处理的一种特殊形式，赠与条款同样对离婚双方当事人具有法律约束力，双方当事人应当按照协议的约定履行。也就是说，只要离婚协议不存在欺诈、胁迫等情形，人民法院都应当认可其效力。

本案中，徐某在与何某的离婚协议中约定：将产权在其名下的一套 80 平方米的商品房赠与何某。双方对此达成了一致意见，因此该协议已经生效，对双方当事人具有法律约束力。在徐某拒绝为何某办理产权变更手续时，何某可以请求人民法院判决。

法条链接

《中华人民共和国民法典》

第一千零七十六条　夫妻双方自愿离婚的，应当签订书面离婚协议，并亲自到婚姻登记机关申请离婚登记。

离婚协议应当载明双方自愿离婚的意思表示和对子女抚养、财产以及债务处理等事项协商一致的意见。

《最高人民法院关于适用〈中华人民共和国民法典〉婚姻家庭编的解释（一）》

第六十九条第二款　当事人依照民法典第一千零七十六条签订的离婚协议中关于财产以及债务处理的条款，对男女双方具有法律约束力。登记离婚后当事人因履行上述协议发生纠纷提起诉讼的，人民法院应当受理。

温馨提示

财产分割协议，是指财产共有人经协商一致，对其共有的财产达成分割意见的书面协议。分割系共有人分配共有财产的行为，常见的财产分割有：分割家庭共有财产、分割夫妻共有财产、分割共同继承或受遗赠的财产、分割合资（合作）或联营的财产等。财产分割协议的效力体现在两方面：双方当事人的约定得到法律的肯定；双方当事人均应全面履行协议约定的内容。此外，履行的要求完全适用《民法典》合同编有关履行的规定。

自测小题

选择：离婚后，一方经济困难，无法按照离婚协议的约定支付离婚赡养费，其是否可以主张降低离婚赡养费给付数额？[①]（ ）

A. 可以　　　　B. 不可以

离婚后就财产分割问题反悔起诉的，人民法院会受理吗？

案例实录

王某与李某结婚后住进男方家盖的两间平房中。婚后由于二人性格不合等因素致使感情破裂，双方商定协议离婚。在对共同财产进行分割时，两间平房归女方李某所有，家里的存款 15 万元

① 解答：A。

归男方王某所有。双方签订了离婚协议后，立即办理了离婚登记手续。出人意料的是，在离婚3个月后，男方王某的父亲起诉到人民法院要求王某返还两间平房，最后父子达成调解协议，王某同意将房屋返还给父亲。人民法院到李某处执行两间平房时，李某才知被骗，原来王某在离婚协议时隐瞒了房屋产权归属。那么，此时，李某该怎么办?

律师分析

对于离婚后特别是离婚案件已经审理结束，人民法院相关的财产分割的调解书、判决书已经发生效力后，又发现隐藏、转移、变卖、毁损或伪造债务侵占另一方财产行为的问题，我国也有相关法律规定：协议存在法律规定的欺诈、胁迫等特殊情形，当事人请求变更或者撤销的，人民法院应当依法予以支持。对于当事人的诉权，人民法院予以保护，当事人向人民法院提起此类诉讼，人民法院都应依法予以受理。本案中，王某隐瞒两间平房产权归属的行为构成对李某的欺诈，违背了李某真实的意思表示，根据《民法典婚姻家庭编解释（一)》第七十条的规定，李某可以向人民法院起诉，请求法院对她与王某达成的离婚协议中财产分割部分进行变更或撤销，进而达到重新分割夫妻共同财产的目的，维护自己的合法权益。

法条链接

《最高人民法院关于适用〈中华人民共和国民法典〉婚姻家庭编的解释（一)》

第七十条　夫妻双方协议离婚后就财产分割问题反悔，请求撤销财产分割协议的，人民法院应当受理。

人民法院审理后，未发现订立财产分割协议时存在欺诈、胁迫等情形的，应当依法驳回当事人的诉讼请求。

温馨提示

虽然法律规定协议离婚后，男女双方就财产分割问题反悔的，人民法院会予以受理，但法院是否支持当事人的申请，取决于订立财产分割协议时是否存在欺诈、胁迫等情形。男女双方到民政部门离婚，就财产分割问题达成的协议，是当事人在平等自愿的前提下协商一致的结果。对于任何一方当事人来说，这都是对自己财产权利的一种自由处分，协议对双方具有法律上的约束力，都理应接受这一决定所带来的法律后果。但如果存在法律规定的欺诈、胁迫等特殊情形，当事人请求变更或者撤销的，人民法院应当依法予以支持。

自测小题

选择：邵某和杜某原本签订了离婚协议，但因杜某公务繁忙，一直没有办理离婚登记手续，后邵某将杜某诉至法庭。杜某不愿意按照原来的离婚协议分割夫妻共同财产，请问法院该如何分割财产？① （ ）

A. 离婚协议有效，杜某不得反悔，人民法院应当按照离婚协议的约定分割夫妻共同财产

B. 离婚协议部分失效，人民法院应当结合协议约定和实际情

① 解答：C。

况分割夫妻共同财产

C. 离婚协议未生效，人民法院应当按照实际情况分割夫妻共同财产

全职太太离婚时可以要求多补偿吗？

案例实录

程某是一个报社记者，常年在外地工作。妻子白某为了照顾孩子不得不辞去工作，在家做全职太太。夫妻俩长期两地分居，感情出现裂痕，后经商议，两人决定离婚。白某因照顾孩子，没有工作，所以没有经济来源，遂要求程某给付经济补偿。白某可以提出这样的要求吗？

律师分析

一般来说，离婚时财产分割以均等分配为主，但在特定情况下，也需要对有困难的一方予以照顾。白某为了照顾孩子不得不辞去工作，以家庭主妇的身份包揽了所有家务，实际上是用一个人的肩膀担起了两个人的责任。这种劳动虽然没有换取直接的货币报酬，但其价值不容否认。所以，当他们的婚姻走到尽头的时候，在离婚分割财产时让对方对自己付出的家务劳动有所补偿也是应该的。对此，《民法典》第一千零八十八条规定："夫妻一方因抚育子女、照料老年人、协助另一方工作等负担较多义务的，离婚时有权向另一方请求补偿，另一方应当给予补偿。具体办法由双方协议；协议不成的，由人民法院判决。"本案中，白某因照

顾孩子、打理家务等放弃工作，可以认定为照顾家庭付出了较多的义务，因此离婚时有权要求对方给予补偿。

法条链接

《中华人民共和国民法典》

第一千零八十八条　夫妻一方因抚育子女、照料老年人、协助另一方工作等负担较多义务的，离婚时有权向另一方请求补偿，另一方应当给予补偿。具体办法由双方协议；协议不成的，由人民法院判决。

温馨提示

家务劳动虽然不能直接产生经济价值，但其重要性是不容忽视的。妻子通过劳动打理好家里的一切，照顾老人和孩子，减轻了另一方的负担，使其可以安心在外工作，创造更多的财富，实际上等于是间接创造了家庭经济价值。所以，当遭遇离婚时，长期从事家务劳动的一方有权利分享家庭共同财富，以维护自己的合法权益。

自测小题

判断：离婚经济补偿以夫妻双方约定婚姻关系存续期间的财产所得归各自所有为前提。该说法是否正确？[①]（　）

① 解答：错误。

未经丈夫同意借钱为自己母亲看病，离婚时这笔借款应由谁还？

案例实录

潘某为了给母亲治病，未经丈夫杜某同意向朋友借了2万元。后来，潘某与杜某因感情不和无法继续共同生活，遂向法院起诉离婚。杜某对潘某借的2万元该由谁承担产生了分歧。潘某认为2万元借款应以夫妻共同财产进行清偿，但杜某认为潘某在借钱时没有与自己商量，且借钱是用于为潘某的母亲治病，因此应属于潘某的个人债务，与他无关。这笔债务真的与杜某无关吗？

律师分析

根据《民法典》的规定，债权人就婚姻关系存续期间夫妻一方以个人名义所负债务主张权利的，应当按夫妻共同债务处理，但夫妻一方能证明债权人与债务人明确约定为个人债务，或者夫妻双方对于财产归属有明确约定的除外。另外，根据《民法典》第二十六条第二款的规定，不论是儿子还是女儿，对其父母都有赡养的义务，而本案中潘某借钱给母亲治病，正是履行赡养的义务，对此杜某也有协助的义务。因此，这笔钱虽然是潘某个人所借，但应属于夫妻共同债务。同时，该法规定，离婚时，夫妻共同债务应由夫妻双方共同偿还。因此，本案中涉及的这笔债务应先以潘某与杜某的夫妻共同财产进行清偿，如果没有共同财产或共同财产不足以清偿债务，由双方协议清偿或人民法院判决解决。

法条链接

《中华人民共和国民法典》

第一千零六十四条　夫妻双方共同签名或者夫妻一方事后追认等共同意思表示所负的债务，以及夫妻一方在婚姻关系存续期间以个人名义为家庭日常生活需要所负的债务，属于夫妻共同债务。

夫妻一方在婚姻关系存续期间以个人名义超出家庭日常生活需要所负的债务，不属于夫妻共同债务；但是，债权人能够证明该债务用于夫妻共同生活、共同生产经营或者基于夫妻双方共同意思表示的除外。

第一千零八十九条　离婚时，夫妻共同债务应当共同偿还。共同财产不足清偿或者财产归各自所有的，由双方协议清偿；协议不成的，由人民法院判决。

温馨提示

《民法典》第一千零八十九条规定，婚姻关系终结时，夫妻债务清偿应遵循的原则是共同债务以共同财产清偿，个人债务以个人财产偿还。法律之所以作出这样的规定，是基于对个人意思表示的尊重以及对私有财产受法律保护的宪法精神的肯定。如果夫妻为承担共同生活所负债务，且双方都有同意的意思表示，则应当双方共同承担；如果夫或者妻一方未经另一方同意，或者为自己的事项而向第三人借款，这属于夫或者妻一方的个人债务，应当由其自己承担。

自测小题

选择：关于子女对父母的赡养义务，下列说法正确的是[①]( )

A. 成年子女仅在父母年老时有赡养义务

B. 成年子女赡养父母时，支付赡养费就行

C. 成年子女赡养父母不得附加前提条件

妻子生活困难，离婚时可以要求丈夫给予适当帮助吗?

案例实录

王某与邹某结婚生子后，辞去工作，专门在家照顾孩子与邹某的父母，并打理家务，从此失去了收入来源。不久前，王某与邹某因感情不和而离婚。王某照顾老人与孩子，一直没有工作，且患有慢性疾病，丧失劳动能力，导致其离婚后生活困难。那么，她有权在离婚时要求邹某给予经济补偿吗?

律师分析

《民法典》规定，离婚时，如果一方生活困难，另一方应从其住房等个人财产中给予适当帮助。该规定是法律对离婚中弱势群体的一种帮助制度。这种帮助制度是一种法定帮助制度，当出现一方生活困难时，另一方必须给予适当的生活帮助。同时，这是夫妻之间互相扶养的法律义务在离婚时的一种延伸和表现，也是扶弱济贫的社会主义道德的要求。本案中，王某在离婚时有权要

① 解答：C。

求邹某给予经济补偿，还可以要求邹某从个人财产中给予适当帮助。

法条链接

《中华人民共和国民法典》

第一千零九十条　离婚时，如果一方生活困难，有负担能力的另一方应当给予适当帮助。具体办法由双方协议；协议不成的，由人民法院判决。

温馨提示

离婚经济帮助制度是对离婚中弱势群体的一种帮助制度，这种帮助制度是一种法定帮助制度，当出现一方生活困难时，另一方必须给予适当的生活帮助。但这种生活帮助不以一方付出更多义务或一方存在过错为条件，而是以一方离婚时存在生活困难为前提。离婚时女方出现生活困难男方有义务进行帮助，但必须符合一定的条件：第一，一方生活困难的情形是在离婚时形成的；第二，一方生活困难是指没有住房、失去劳动能力、无生活来源等情况；第三，提供帮助的一方具有负担能力；第四，生活困难的一方没有再婚组成新的家庭，因为再婚后其新的配偶就应当履行义务，而无须原来的配偶履行救助义务。

自测小题

选择：离婚时，有条件一方对存在经济困难一方的帮助方式有[①]（　）

① 解答：BC。

A. 分割夫妻共同财产时适当倾斜

B. 为对方提供居住地

C. 支付经济帮助费用

还未开始享受的养老保险金，在离婚时能否要求分割？

案例实录

刘某和黄某经人介绍认识并很快登记结婚了。二人都是再婚，经双方共同生活一段时间后，由于二人性格不合和子女的关系过于复杂，致使家庭矛盾不断，最终双方感情破裂。于是，原告刘某起诉被告黄某要求离婚。双方对其他财产的分割无异议，但对被告养老保险金的分割产生了分歧。原告认为养老保险金是夫妻共同财产，要求进行分割；而被告则不同意。实际上，原告已达法定退休年龄，而被告还未达到。请问刘某的诉求能否得到法院的支持？

律师分析

养老保险金是政府或企业支付给离退休人员用于保障日常生活的货币额，属于职工服务期间提供劳务所获取的报酬，由个人账户和社会统筹账户组成。随着我国基本养老保险制度的完善和居民收入水平的提高，居民的养老保险金也在逐渐提高。因此，越来越多的婚姻关系当事人要求在离婚诉讼中分割养老保险金。养老保险金是国家通过社会养老保险机构向退休职工发放的生活费用，是退休职工的主要收入和生活保障，具有工资属性，应当纳入夫妻共同财产的范围。根据现实状况，养老保险金存在三种不同的情形：一是离婚时，男女双方均已达法定退休年龄，已开始领取养老保险金；二是离婚时，男女双方均未达法定退休年龄，已缴纳一定数额的养老保险费，但尚未开始领取养老保险金；三是一方已开始领取养老保险金，另一方尚未开始领取养老保险金。

那么，针对这三种不同的情形，离婚时养老保险金应如何分割呢？对第一种情形，双方按月领取养老保险金的数额明确，在分割时可操作性强，可以按平等原则进行处理，即由领取保险金多的一方按月给少的一方补付差额。对第二种情形，其分割的可操作性较差，且领取养老保险金还存在一定的预期，法院只能根据平等原则进行分割，即以双方实际缴纳的养老保险费总额为基数，按平等原则进行分割，由养老保险费账户总额多的一方给少的一方补付差额。对第三种情形，可以将养老保险金账户中婚姻关系存续期间个人实际缴付部分作为夫妻共同财产分割。

本案中，双方名下的养老保险金属于第三种情形，由于黄某还未达法定退休年龄，还未实际领取养老保险金，因此，刘某诉求中要求分割黄某个人名下的养老保险金得不到法院的支持。但是，刘某自己名下的养老保险金应进行分割，对于黄某名下的养老保险金可以参照二人在婚姻关系存续期间个人实际缴付部分进行分割。

法条链接

《最高人民法院关于适用〈中华人民共和国民法典〉婚姻家庭编的解释（一）》

第八十条　离婚时夫妻一方尚未退休、不符合领取基本养老金条件，另一方请求按照夫妻共同财产分割基本养老金的，人民法院不予支持；婚后以夫妻共同财产缴纳基本养老保险费，离婚时一方主张将养老金账户中婚姻关系存续期间个人实际缴纳部分及利息作为夫妻共同财产分割的，人民法院应予支持。

温馨提示

养老保险金具有人身性质，且是可预期收入，可以在离婚时分割。需要注意的是，夫妻关系存续期间已经领取的养老保险金属于夫妻共同财产，离婚时可以要求分割；但因养老保险金的领取主体是特定的、不可转让的，因此，如果离婚时夫妻一方尚未退休、不符合领取养老保险金的条件，则不存在分割的问题，即使主张分割也得不到法律的支持。然而，以夫妻共同财产缴付的养老保险金，属于夫妻共同财产，离婚时可以要求分割。

自测小题

选择：个人死亡后，未留下任何有效遗嘱，以下谁可以继承其养老保险个人账户中的余额?①（　）

A. 正在与他闹离婚的妻子

B. 他长期资助的贫困学生

C. 他和妻子送养出去的亲生孩子

① 解答：A。

婚内丈夫向妻子订立借款协议，离婚后这笔钱该怎么办?

案例实录

郭某与赵某是再婚夫妻，婚后双方在经济上各自独立。去年，郭某以自己经营的公司需要资金周转为由，向妻子赵某借款10万元，郭某向赵某出具了一张借款10万元的借条。后两人因家庭纠纷不断，导致二人感情不和而协议离婚，分割财产时未涉及该借款。离婚后，赵某多次找郭某要求归还借款，郭某均借故拒绝。无奈之下，赵某向法院起诉，请求判令郭某偿还借款10万元。请问赵某的诉求能否得到法院的支持?

律师分析

一般来说，婚姻关系存续期间，夫妻之间的财产都适用法定的夫妻财产共有制，除非有特殊规定。那么，如果在婚姻关系存续期间，夫妻订立了借款协议，这样的协议在离婚时是否可以作为夫妻共同财产进行分割呢?根据《民法典婚姻家庭编解释(一)》第八十二条的规定，夫妻在婚姻关系存续期间的借款协议，应视为双方约定处分夫妻共同财产的行为，离婚时可按照借款协议的约定处理。赵某借钱给郭某，虽是发生在夫妻关系存续期间，但郭某出具了借条，应视为双方对部分财产的归属作出了书面约定，双方的借贷关系成立，郭某应当归还这笔借款。归还后，如果当初二人没有特别的约定，这笔借款应作为夫妻共同财产进行分割，而非10万元都归赵某一人所有。

法条链接

《最高人民法院关于适用〈中华人民共和国民法典〉婚姻家庭编的解释（一）》

第八十二条　夫妻之间订立借款协议，以夫妻共同财产出借给一方从事个人经营活动或者用于其他个人事务的，应视为双方约定处分夫妻共同财产的行为，离婚时可以按照借款协议的约定处理。

温馨提示

个人之间的债权债务关系是合法有效的，债权人在诉讼时效（一般是3年）届满之日内没有向债务人主张权利的，应视为债权人放弃主张债务人偿还的权利。夫妻之间一方向另一方借款，离婚时另一方能否要求偿还也要根据债务请求权的诉讼时效来确定。夫妻双方的债权债务关系不因双方的婚姻关系结束而消亡。

自测小题

判断：根据法律的规定，自然人与近亲属借款没有约定利息的，不必支付利息；与其他人借款没有约定利息的，按照银行的同期存款贷款利率支付利息。该说法是否正确?① （　）

---

① 解答：错误。

离婚时，夫妻一方在公司或企业中的股份能作为夫妻共同财产进行分割吗？

案例实录

某企业经理刘某和在本企业打工的农村姑娘李某相恋并结婚。婚后，在刘某的坚持下，李某辞职做起了全职太太，而刘某又和几个人成立了一家贸易有限责任公司。刘某的生意越做越大，应酬自然也越来越多，两人经常为此吵架。长此以往，两人的关系逐渐恶化。上个月，刘某以夫妻感情已经破裂为由，向法院起诉，要求与李某离婚。李某同意离婚，但是要求将合伙企业和贸易公司中刘某的股份分给自己一半。刘某认为，合伙企业中自己的股份是在婚前投入的，是个人财产，李某无权分割；而贸易公司中自己的股份是靠自己在合伙企业挣的钱投资入股的，李某也无权索要。那么，李某在离婚时是否有权分割刘某在合伙企业和贸易公司中的股份？

律师分析

李某无权分割刘某在合伙企业中的股份。《民法典》规定，夫妻双方除有特别约定外，一方婚前的财产为夫妻一方的个人财产，归夫或妻一方个人所有。本案中，刘某在结婚时已经在合伙企业投资入股，也就是说刘某在合伙企业中的股份是在婚前投入的，所以该股份应属于刘某的个人财产，李某无权分割。至于李某持有的股份在婚姻存续期间所得的收益，则属于夫妻共同财产。根据《民法典婚姻家庭编解释（一）》第二十五条的规定，婚姻关系存续期间，下列财产属于民法典第一千零六十二条规定的“其他应当归共同所有的财产”：（1）一方以个人财产投资取得的收益；（2）男女双方实际取得或者应当取得的住房补贴、住房公积金；（3）男女双方实际取得或者应当取得的基本养老金、破产安置补偿费。所以，李某可以对刘某持有的股权产生的收益依法进行分割。至于刘某在贸易公司的一半股份，根据《民法典》第一千零六十二条的规定，夫妻在婚姻关系存续期间所得的生产、经营的收益归夫妻共同所有。刘某在贸易公司中的股份是婚后投入的，是夫妻共同财产，如果双方没有特别约定，应当平分。也就是说，李某在离婚时有权分得刘某在贸易公司中的一半股份。

法条链接

《最高人民法院关于适用〈中华人民共和国民法典〉婚姻家庭编的解释（一）》

第二十五条　婚姻关系存续期间，下列财产属于民法典第一千零六十二条规定的“其他应当归共同所有的财产”：

（一）一方以个人财产投资取得的收益；

（二）男女双方实际取得或者应当取得的住房补贴、住房公积金；

（三）男女双方实际取得或者应当取得的基本养老金、破产安置补偿费。

第七十四条　人民法院审理离婚案件，涉及分割夫妻共同财产中以一方名义在合伙企业中的出资，另一方不是该企业合伙人的，当夫妻双方协商一致，将其合伙企业中的财产份额全部或者部分转让给对方时，按以下情形分别处理：

（一）其他合伙人一致同意的，该配偶依法取得合伙人地位；

（二）其他合伙人不同意转让，在同等条件下行使优先购买权的，可以对转让所得的财产进行分割；

（三）其他合伙人不同意转让，也不行使优先购买权，但同意该合伙人退伙或者削减部分财产份额的，可以对结算后的财产进行分割；

（四）其他合伙人既不同意转让，也不行使优先购买权，又不同意该合伙人退伙或者削减部分财产份额的，视为全体合伙人同意转让，该配偶依法取得合伙人地位。

温馨提示

夫妻持有的公司股份可以理解为夫妻共同财产，但只是享有股东权利。从公司法角度来看，公司资本属于公司财产，公司股份的处置属于公司法调整范畴。分割夫妻在公司的股权时，既要保护离婚当事人的合法权益，也要维护企业的生产发展。无论是何种形式的企业，在分割其所包含的夫妻共同财产时，都将直接或间接影响公司的持续、稳定及相关第三人的权利义务关系。所以应当采取审慎的态度，以尽量不影响企业的正常生产经营，不破坏企业的完整性为原则。

自测小题

选择：张某和陈某结婚后，与朋友共同出资设立了一家有限公司。随着生意越做越大，张某越来越忙，二人在一次争吵后决定离婚。张某主动提出将自己在公司的股份分一点给陈某，二人自行签订了股权转让协议。请问陈某至此就成为公司股东了吗？[①]（　）

A. 二人的股权转让协议有效，陈某自合同成立之日起成为公司股东

B. 二人的股权转让协议因侵犯公司其他股东的优先购买权无效，陈某不能成为公司股东

C. 二人的股权转让协议有效，如果其他股东无异议或放弃优先购买权，陈某可以成为该公司股东

婚后设立的个人独资企业在离婚时应当如何分割？

案例实录

丈夫陈某在与妻子胡某的婚姻关系存续期间，以自己一方的名义投资创建了一家独资企业。公司经营了5年后，夫妻感情开始出现裂痕，最终无法挽回，两人决定离婚。离婚后，两人都不愿意经营这家企业。那么，这种情况要怎样处理？

律师分析

该企业可以宣布解散。个人独资企业，是指依法在中国境内设立，由一个自然人投资，财产为投资人个人所有，投资人以其个人财产对企业债务承担无限责任的经营实体。可见，个人独资企业是由个人出资，利润也归个人所有。

---

① 解答：C。

本案中，陈某建立的就是个人独资企业，而该企业属于夫妻共同财产。陈某与妻子胡某解除婚姻关系后，该企业应该列为夫妻共同财产参与分割。但是，如果双方都不愿经营这家企业，则应视为《个人独资企业法》第二十六条规定的投资人决定解散的情形，该企业应该解散，所得利润作为夫妻共同财产分割。

法条链接

《中华人民共和国个人独资企业法》

第二十六条　个人独资企业有下列情形之一时，应当解散：

（一）投资人决定解散；

（二）投资人死亡或者被宣告死亡，无继承人或者继承人决定放弃继承；

（三）被依法吊销营业执照；

（四）法律、行政法规规定的其他情形。

《最高人民法院关于适用〈中华人民共和国民法典〉婚姻家庭编的解释（一）》

第七十五条　夫妻以一方名义投资设立个人独资企业的，人民法院分割夫妻在该个人独资企业中的共同财产时，应当按照以下情形分别处理：

（一）一方主张经营该企业的，对企业资产进行评估后，由取得企业资产所有权一方给予另一方相应的补偿；

（二）双方均主张经营该企业的，在双方竞价基础上，由取得企业资产所有权的一方给予另一方相应的补偿；

（三）双方均不愿意经营该企业的，按照《中华人民共和国个人独资企业法》等有关规定办理。

温馨提示

依照《个人独资企业法》的规定，夫妻双方投资个人独资企业只能以一人名义，离婚主张财产分割时需要先明确该企业的性质，确定该企业属于夫妻共同财产、夫妻一方的个人财产还是家庭共同财产。

自测小题

选择：万某和赵某结婚后，出资设立了一家个人独资企业。二人离婚时，赵某取得企业的经营权，他是否可以拒绝给万某任何补偿?①（　）

A. 可以　　　　B. 不可以

房屋所有权不完全，在离婚时该如何分割?

案例实录

经人介绍，李某与孙某相识结婚。夫妻双方婚后因性格不合经常争吵。后李某外出打工，双方分居生活了很多年。孙某为此向法院提起离婚诉讼，并要求自己之前出资购买的一栋房屋归自己所有。李某同意离婚，但要求平分房产。另查明，孙某购买的该房屋系二手房，购房合同写明款清之日房屋就归孙某所有，孙

① 解答：B。

某现已按合同约定付清购房款且已入住，但未办理过户手续。请问应该如何处理该房产？

律师分析

本案中，因孙某尚未办理变更房屋所有权手续，所以未取得该房屋的所有权。《民法典》第二百零九条第一款规定："不动产物权的设立、变更、转让和消灭，经依法登记，发生效力；未经登记，不发生效力，但是法律另有规定的除外。"《民法典婚姻家庭编解释（一）》第七十七条规定："离婚时双方对尚未取得所有权或者尚未取得完全所有权的房屋有争议且协商不成的，人民法院不宜判决房屋所有权的归属，应当根据实际情况判决由当事人使用。当事人就前款规定的房屋取得完全所有权后，有争议的，可以另行向人民法院提起诉讼。"据此，本案中，孙某按合同付清购房款后，依照合同有取得该房屋所有权的权利，但由于未到房产管理部门登记变更所有权，孙某还没有实际取得该房屋的所有权，故该房屋属于离婚时双方尚未取得所有权的房屋，法院不宜判决房屋所有权的归属，应当根据实际情况判决房屋的使用权。

法条链接

《中华人民共和国民法典》

第二百零九条第一款　不动产物权的设立、变更、转让和消灭，经依法登记，发生效力；未经登记，不发生效力，但是法律另有规定的除外。

《最高人民法院关于适用〈中华人民共和国民法典〉婚姻家庭编的解释（一）》

第七十七条　离婚时双方对尚未取得所有权或者尚未取得完全所有权的房屋有争议且协商不成的，人民法院不宜判决房屋所有权的归属，应当根据实际情况判决由当事人使用。

当事人就前款规定的房屋取得完全所有权后，有争议的，可以另行向人民法院提起诉讼。

温馨提示

离婚时尚未取得产权的房屋指离婚时夫妻双方对其居住使用的房屋尚未取得所有权。适用对象包括两类：一是离婚时夫妻双方对其居住使用的房屋尚未取得所有权，主要是指夫妻双方作为买受人没有缴清全部购房款而没有取得房屋所有权，包括购买福利性政策房和购买商品房、经济适用房等房屋。二是离婚时夫妻双方取得的房屋所有权只是部分所有权，不是完全所有权，这主要是指夫妻双方根据福利性政策以标准价购买的共有房屋，即部分产权房屋。

针对在离婚时所有权不完全的房屋的处理，如果夫妻双方对房屋如何分割有约定，则遵从约定，无约定则遵从法律规定，由法院根据实际情况判决由当事人使用，待该房产取得所有权时，另行向法院起诉。

自测小题

选择：江某和黄某离婚时，法院将黄某名下的房子判给了江

某。江某何时取得该房屋的所有权?[①]（　）

A. 办理不动产所有权变更登记时

B. 人民法院的判决书生效时

C. 黄某将房产证和房屋钥匙交给江某时

① 解答：B。

第五章

子女抚养

非婚生子女有权要求生父母履行抚养义务吗?

案例实录

王某在与丈夫婚姻关系存续期间，因与他人发生不正当关系而生下一女。为了不破坏自己的家庭，王某不肯认领这个孩子而将其寄养在自己的父母家，孩子的相应权利得不到实现。孩子有权要求王某履行抚养的义务吗?

律师分析

根据《民法典》的规定，父母对子女有抚养教育的义务；子女对父母有赡养扶助的义务。父母不履行抚养义务时，未成年的或不能独立生活的子女，有要求父母给付抚养费的权利。同时，《民法典》第一千零七十一条规定："非婚生子女享有与婚生子女同等的权利，任何组织或者个人不得加以危害和歧视。不直接抚养非婚生子女的生父或者生母，应当负担未成年子女或者不能独立生活的成年子女的抚养费。"在实际生活中，非婚生子女的地位是很尴尬的，通常得不到父母的承认，生活也没有保障。我国法律针对这个问题作了非常明确的规定，从立法上切实保护了非婚生子女的合法权益。本案中，孩子虽然是王某的非婚生子女，但她同样享有和婚生子女一样的权利，所以孩子有权要求王某履行抚养义务。

法条链接

《中华人民共和国民法典》

第二十六条　父母对未成年子女负有抚养、教育和保护的义务。

成年子女对父母负有赡养、扶助和保护的义务。

第一千零六十七条　父母不履行抚养义务的，未成年子女或者不能独立生活的成年子女，有要求父母给付抚养费的权利。

成年子女不履行赡养义务的，缺乏劳动能力或者生活困难的父母，有要求成年子女给付赡养费的权利。

第一千零七十一条　非婚生子女享有与婚生子女同等的权利，任何组织或者个人不得加以危害和歧视。

不直接抚养非婚生子女的生父或者生母，应当负担未成年子女或者不能独立生活的成年子女的抚养费。

温馨提示

虽然婚姻关系以外的两性行为不受法律保护，但非婚生子女的合法权益受到法律保护。法律规定非婚生子女的抚养应和婚生子女一样，同是父母双方的子女，应由父母双方共同承担抚养教育的义务。即使亲生父母之间没有婚姻关系，父母也需要对子女承担抚养义务。所以，非婚生子女的法律地位与婚生子女的法律地位是一样的，任何人不得以此为理由损害非婚生子女的合法权益。

自测小题

判断：私生子没有继承权，该说法是否正确？[1]（ ）

继父母能否取得对未成年继子女的抚养权？

案例实录

王某与丧偶女子李某登记结婚后，李某带着与前夫5岁的儿子东东与王某一起居住。后来，王某与李某因性格不合经常发生矛盾，于是李某离家去南方打工，后一直未归。由于东东尚年幼，需要人照顾，虽然王某与东东没有血缘关系，但东东的可爱让王某对他疼爱有加，既做爸爸，又做妈妈。东东生活得很快乐。上个月，李某回来后，起诉离婚并要求抚养东东。王某不同意，东东也提出自己愿意跟继父王某一起生活。那么，王某可以取得东东的抚养权吗？

律师分析

《民法典》第一千零七十二条规定："继父母与继子女间，不得虐待或者歧视。继父或者继母和受其抚养教育的继子女间的权利义务关系，适用本法关于父母子女关系的规定。"可见，形成抚养教育关系的继父母继子女间的权利义务，应当等同于父母与子女间的权利义务。据此，继父母离婚后对与之形成抚养教育关系的继子女享有抚养权是不言而喻的；与此相对应地，继子女可以选择要求生父或生母抚养，也可以要求继父或继母抚养。本案中，东东自李某

---

[1] 解答：错误。

外出务工后一直由继父王某抚养教育，双方已经形成抚养教育关系，且李某离家出走，对东东不尽抚养义务，母子感情已经疏远。东东自己提出要求由王某抚养，不同意由其生母抚养，王某也表示愿意抚养东东，故东东由王某抚养更为合适。从保护未成年人的合法权益及有利于其身心健康成长出发，东东由王某抚养是恰当的。

法条链接

《中华人民共和国民法典》

第一千零七十二条　继父母与继子女间，不得虐待或者歧视。

继父或者继母和受其抚养教育的继子女间的权利义务关系，适用本法关于父母子女关系的规定。

温馨提示

继子女是指夫或妻一方与前配偶所生的子女；继父母是指子女母亲或者父亲再婚的配偶。继父母和继子女的关系是由于生父母一方死亡或离异，另一方带子女再婚后形成的。在通常情况下，继父母与继子女之间的关系属于姻亲范围，如果继父母与继子女形成抚养关系，或者继父母将继子女收养为养子女，他们才形成法律拟制直系血亲关系。很明显，在上述情况下，法律设置了一种拟制血亲，使继父母与继子女之间的权利义务关系与生父母之间的权利义务关系相一致。

自测小题

选择：下列形成抚养教育关系的继父母子女是①(　)

---

① 解答：B。

A. 继母经常给工作的继女做饭洗衣

B. 继父经常指导与其同住的继子的学习

C. 成年继子在继母生病时支付医疗费

父母双亡，兄姐对未成年的弟妹有扶养义务吗？

案例实录

王某一家兄妹三人，父母早亡，三人相依为命。年长的大哥很早就参加工作，养家糊口。不久，二哥也参加了工作，家中只有年幼的妹妹尚在读书。妹妹的成绩很好，考上了某重点高中，但学费问题让她犯了难。妹妹让两个哥哥为自己支付学费，而两个哥哥让妹妹辍学去打工。那么，兄姐应否对未成年的弟妹承担扶养义务呢？

律师分析

兄弟姐妹系同一父母所生养，具有很近的血缘关系，他们之间互相帮助和爱护是人的天性使然。法律对此也有明确规定，特别是对父母死亡后哥哥、姐姐对弟弟、妹妹的责任，作出了详细的阐述。我国法律规定，父母去世后，有负担能力的兄姐对未成年的弟妹要履行扶养义务。社会上存在兄弟姐妹之间没有扶养义务的误区，认为兄弟姐妹之间的扶养纠纷只是社会问题。其实，这不只是社会问题，还是法律问题，受到我国相关法律的调整。

法条链接

《中华人民共和国民法典》

第一千零七十五条　有负担能力的兄、姐，对于父母已经死亡或者父母无力抚养的未成年弟、妹，有扶养的义务。

由兄、姐扶养长大的有负担能力的弟、妹，对于缺乏劳动能力又缺乏生活来源的兄、姐，有扶养的义务。

温馨提示

兄、姐扶养弟、妹，或弟、妹扶养兄、姐，不是必然发生的法定义务，而是有条件的，即应尽抚养或赡养义务的父母、子女或者配偶不能尽其抚养或赡养义务时，由有能力的兄弟姐妹来承担扶养义务。兄弟姐妹间的扶养义务是第二顺序的，具有递补性质。但兄弟姐妹间一旦形成扶养义务，那么该义务就是不可推卸的法定义务，义务人应当自觉履行。

自测小题

判断：兄弟姐妹之间享有继承权的前提是互相履行了扶养义务。该说法是否正确？[①]（　）

夫妻离婚，子女的抚养权如何确定？

案例实录

秦某与丁某婚后育有一女。去年，因丁某染上毒瘾无法戒除，秦某决定与丁某离婚，并要求女儿由自己抚养。丁某同意离婚，但不同意5岁的女儿归秦某抚养。双方为此争执不下，最后诉至法院。法院会把孩子判给谁抚养呢？

---

① 解答：错误。

律师分析

夫妻离婚后，子女的抚养问题是必须明确的。在考虑子女抚养权的归属时，《民法典》规定，离婚后，不满2周岁的子女，以随哺乳的母亲抚养为原则。已满2周岁的子女，如果双方因抚养问题发生争执不能达成协议，由人民法院按照最有利于未成年子女的原则判决。本案中，秦某向丁某提出离婚时，其女虽已5岁，但因丁某有吸毒恶习，因此为了女儿的健康成长，法院应当判决女儿由其母亲秦某抚养。

法条链接

《中华人民共和国民法典》

第一千零八十四条　父母与子女间的关系，不因父母离婚而消除。离婚后，子女无论由父或者母直接抚养，仍是父母双方的子女。

离婚后，父母对于子女仍有抚养、教育、保护的权利和义务。

离婚后，不满两周岁的子女，以由母亲直接抚养为原则。已满两周岁的子女，父母双方对抚养问题协议不成的，由人民法院根据双方的具体情况，按照最有利于未成年子女的原则判决。子女已满八周岁的，应当尊重其真实意愿。

温馨提示

婚姻关系的解除，只是夫妻双方基于婚姻而存在的人身关系和财产关系归于消灭，但父母与子女之间的血亲关系不因父母离婚而消除。因收养而形成的拟制血亲，除依法变更收养关系外，也不因养父母离婚而消除。离婚后，哺乳期内的子女，以随哺乳的母亲抚养为原则。哺乳期后的子女，如果双方因抚养问题发生争执不能达成协议，由人民法院根据子女的权益和双方的具体情况判决。父母离婚后，原先确定的对子女的抚养方式也不是一成不变的。如果父母的抚养条件发生了重大变化，或者子女要求改变抚养归属，就可以根据实际情况进行变更。

自测小题

选择：小利的父母离婚时约定，小利和妈妈一起生活，父亲每个月支付800元的抚养费。小利上高中后，开销增加，父亲给的抚养费不够支持小利生活、学习。小利可以要求父亲增加抚养费吗?[①]（ ）

A. 可以　　B. 不可以

离婚后，无抚养权的一方如何行使自己的探望权?

案例实录

几个月前，王某与孙某经法院调解离婚。调解书中双方协议：“儿子随孙某生活，由王某每月给付抚养费500元，王某每周六、周日可以接儿子共同生活。”某日，王某按约定去接儿子时遭到孙某拒绝，由于王某经常带儿子长时间地玩电子游戏，孙某认为这样对儿子的健康成长不利。后经王某家人及相关单位多番调解，孙某及其家人仍然拒绝王某接儿子。上周，王某向法院起诉要求

① 解答：A。

被告孙某履行离婚调解协议书上的义务，允许其每周六、周日接儿子共同生活。那么，王某的诉讼请求可以得到法院支持吗？

律师分析

探望权的行使，根本上是为了子女的身心健康发展。假如父或母在行使探望权的过程中，出现或可能出现对子女身心健康不利的情况，则应中止探望。探望权的设立一方面是为了保障间接抚养方对子女探望的权利，满足其思念子女的情感需要；另一方面也能使子女对父母的感情不因家庭的破碎而变化，尽量减少离婚带给子女的伤害，有利于子女的身心健康。但是，如果探望权行使不当，就另当别论了。根据我国法律的规定，王某的诉讼请求得不到法院支持。《民法典》第一千零八十六条明确规定："离婚后，不直接抚养子女的父或者母，有探望子女的权利，另一方有协助的义务。行使探望权利的方式、时间由当事人协议；协议不成的，由人民法院判决。父或者母探望子女，不利于子女身心健康的，由人民法院依法中止探望；中止的事由消失后，应当恢复探望。"

据此可知，父或母享有对子女的探望权，但权利的行使应该在法律规定的范围内。如果其行使探望权不利于子女身心健康的，由人民法院依法中止探望的权利；中止的事由消失后，应当恢复探望的权利。本案中，王某享有对儿子的探望权，但是由于其经常带儿子去玩电子游戏，对于儿子的健康成长不利，所以根据法律的规定，孙某可以请求人民法院中止王某的探望权，走法律程序，而不应该私自决定不让王某行使探望权。

法条链接

《中华人民共和国民法典》

第一千零八十六条　离婚后，不直接抚养子女的父或者母，有探望子女的权利，另一方有协助的义务。

行使探望权利的方式、时间由当事人协议；协议不成的，由人民法院判决。

父或者母探望子女，不利于子女身心健康的，由人民法院依法中止探望；中止的事由消失后，应当恢复探望。

温馨提示

父母对子女的探望权，是亲权中的一项基本权利，也是基于父母子女关系而享有的身份权的合法体现。探望权的设立，不仅能够满足不直接抚养子女一方的父或母对子女的关心、抚养、教育的情感需要，保持和子女的往来，及时、充分地了解子女的生活、学习情况，更好地对子女进行抚养和教育，还可以增加子女与不直接抚养自己的父或母之间的情感沟通和交流，最大限度地减轻子女的家庭破碎感，有利于单亲子女的健康成长。

自测小题

选择：出现以下哪些情形，可以主张中止探望?[①]（　）

A. 探望权人存在赌博、酗酒等恶习且屡教不改

B. 探望权人存在吸毒的情形

① 解答：ABC。

C. 探望权人经常带未成年子女前往地下拳击馆、游戏厅等血腥、暴力场所

探望权被侵犯可以提起诉讼吗?

案例实录

刘某与张某婚后育有一女田田。刘某与张某因家庭琐事经常吵架，刘某无法忍受便起诉离婚。法院审理后，判决二人离婚并对夫妻共同财产进行分割，女儿田田由其母张某抚养，其父刘某每月支付500元抚养费。后来，刘某看望田田时，张某总是推三阻四。刘某很气愤，遂起诉至法院要求对其探望权进行保护。那么，他的诉求会得到法院支持吗?

律师分析

探望权是法律赋予当事人的一项实体权利，只要是符合规定情形的父母都应依法享有该项权利，其权利的行使应受到法律的保护。《民法典》第一千零八十六条第一款、第二款规定："离婚后，不直接抚养子女的父或者母，有探望子女的权利，另一方有协助的义务。行使探望权利的方式、时间由当事人协议；协议不成的，由人民法院判决。"从此条规定中可知，离婚后，不直接抚养子女的父或母，有探望子女的权利，另一方有协助的义务。但是，通过诉讼方式离婚的当事人，在离婚判决中由于种种原因没有涉及探望权的有关内容，而当事人双方也协商不成的，不直接抚养子女的父或母还可以通过起诉的方式要求

法院就探望权问题进行判决吗？对此，《民法典婚姻家庭编解释（一）》第六十五条规定：“人民法院作出的生效的离婚判决中未涉及探望权，当事人就探望权问题单独提起诉讼的，人民法院应予受理。”可见，对单独以探望权的行使为由向人民法院提起诉讼，要求保护其今后探望权的依法行使，人民法院依法应予以受理。本案中，不直接抚养田田的父亲刘某在与张某就探望权问题协商不成的情形下，可以单独就探望权问题向人民法院提起诉讼。

法条链接

《最高人民法院关于适用〈中华人民共和国民法典〉婚姻家庭编的解释（一）》

第六十五条　人民法院作出的生效的离婚判决中未涉及探望权，当事人就探望权问题单独提起诉讼的，人民法院应予受理。

温馨提示

探望权是离婚后不直接抚养子女的父或母依法享有的探望子女的权利，间接扶养方在行使探望权时，直接抚养子女的一方有协助的义务。对探望的方式、时间安排一般由父母在离婚时协议，离婚时双方对子女探望不能达成协议的，由人民法院在处理离婚案件时一并判决。如果人民法院已经作出的离婚判决没有涉及子女探望权，当事人可就探望权问题单独向人民法院提起诉讼。对拒不执行有关探望子女的判决或者裁定的，人民法院可对有协助义务的个人和单位采取拘留、罚款等强制措施。

自测小题

选择：子君的父母离婚了，根据法院的判决书，子君由父亲直接抚养，母亲每两周可以探望子君4小时。后来，子君被父亲送到外地的亲戚家照顾，子君母亲多次要求子君父亲让她看看子君，均遭到拒绝。子君母亲可以向人民法院申请的强制执行措施有①(　)

A. 对子君父亲采取罚款措施

B. 对子君父亲采取拘留措施

C. 强行要求子君与其见面

有权提出中止探望权的人是谁?

案例实录

张某与秦某婚后育有一女。张某失业在家，他不但不出去找工作，还整日饮酒、赌博，秦某遂与张某离婚。两人达成协议，由秦某抚养女儿，张某每个周末可以探望女儿。之后，秦某外出打工，由秦某的母亲照看外孙女，张某经常在酒后来看望女儿。秦某的母亲认为张某的行为对外孙女的成长不利，想去法院申请中止张某的探望权。请问秦某的母亲有权提起这一诉讼吗?

律师分析

不利于子女的身心健康，是探望权中止的法定理由。现行法

① 解答：AB。

把不利于子女的身心健康作为探望权中止的法定理由，体现了保护子女身心健康的立法倾向。不利于子女的身心健康，包括子女的身体、精神、道德和感情的健康。根据《民法典婚姻家庭编解释（一）》第六十七条的规定，未成年子女、直接抚养子女的父或者母以及其他对未成年子女负担抚养、教育、保护义务的法定监护人，有权向人民法院提出中止探望的请求。秦某的母亲不是外孙女的法定监护人，只是受秦某之托照看外孙女。如果她认为张某的探望行为不利于外孙女的成长，可以向女儿秦某反映，再由秦某向法院提起中止探望权的申请。经法院审理查明，张某的探望行为确实不利于其女儿成长的，可以依法中止张某的探望权。

法条链接

《最高人民法院关于适用〈中华人民共和国民法典〉婚姻家庭编的解释（一）》

第六十七条　未成年子女、直接抚养子女的父或者母以及其他对未成年子女负担抚养、教育、保护义务的法定监护人，有权向人民法院提出中止探望的请求。

温馨提示

中止探望权只是探望权行使的障碍，并非剥夺，当法律上规定的不利于子女身心健康的情形消失后，探望权人原享有的探望权可以恢复，人民法院应当根据当事人的申请通知其恢复探望权的行使。与恢复行使不同的是，中止行使探望权关系到子女的健康成长，所以该条本着保护子女的原则作出如下规定：未成年子女、直接抚养子女的父或母及其他对未成年子女负担抚养、教育义务的法定监护人，有权向人民法院提出中止探望权的请求。

自测小题

问答：探望权被中止后，还能恢复吗?[①]

人民法院在什么情况下可以推定亲子关系的有或无?

案例实录

陈先生和张小姐因业务关系相识，两人交往越来越亲密，并发生了性关系。就在这一年，张小姐怀孕了，并称孩子是陈先生的，而陈先生却予以否认。这两年来，两人不断为抚养费而发生纠纷，最终打起了官司。张小姐向法院提出亲子鉴定的申请，却遭到张先生的拒绝。那么，法院该如何判决张小姐的亲子关系呢?

律师分析

由于现代生物医学技术的发展，DNA 鉴定技术被广泛用于子女与父母血缘关系的证明。这种亲子鉴定技术简便易行，准确率较高。在处理有关纠纷时，如果一方提供的证据能够证明当事人之间可能存在或不存在亲子关系，另一方没有相反的证据又坚决不同意做亲子鉴定的，人民法院可以根据《民法典婚姻家庭编解

---

① 解答：能恢复。根据《民法典婚姻家庭编解释（一）》第六十六条的规定，中止探望的情形消失后，人民法院应当根据当事人的请求书面通知其恢复探望。

释（一）》第三十九条的规定，推定请求否认亲子关系一方或者请求确认亲子关系一方的主张成立，而不配合法院进行亲子鉴定的一方要承担败诉的法律后果。

法条链接

《最高人民法院关于民事诉讼证据的若干规定》

第九十五条　一方当事人控制证据无正当理由拒不提交，对待证事实负有举证责任的当事人主张该证据的内容不利于控制人的，人民法院可以认定该主张成立。

《最高人民法院关于适用〈中华人民共和国民法典〉婚姻家庭编的解释（一）》

第三十九条　父或者母向人民法院起诉请求否认亲子关系，并已提供必要证据予以证明，另一方没有相反证据又拒绝做亲子鉴定的，人民法院可以认定否认亲子关系一方的主张成立。

父或者母以及成年子女起诉请求确认亲子关系，并提供必要证据予以证明，另一方没有相反证据又拒绝做亲子鉴定的，人民法院可以认定确认亲子关系一方的主张成立。

温馨提示

法律规定确立了非婚生子女推定亲子关系的适用原则，即当事人就亲子关系发生争议，一方请求确认亲子关系存在与否，并提供必要证据予以证明，另一方没有相反证据又拒绝做亲子鉴定的情况下，法院可以推定请求否认亲子关系一方或者请求确认亲子关系一方的主张成立，而不配合法院进行亲子鉴定的一方要承担败诉的法律后果。《民法典婚姻家庭编解释（一）》规定，对婚姻关系存续期间所生育的子女，父或者母一方向人民法院起诉请求确认亲子关系并已提供必要证据予以证明，另一方没有相反证据又拒绝做亲子鉴定的，人民法院可以推定请求确认亲子关系一方的主张成立。

自测小题

选择：以下哪些人员可因对亲子关系存在异议向人民法院提起诉讼?① (　)

A. 扶养孩子的父亲

B. 未履行抚养、教育、保护义务的母亲

C. 照顾孩子的爷爷奶奶

D. 成年的子女

① 解答：ABD。

第六章
赡养父母

父母可以起诉要求子女常回家看看吗?

案例实录

钱大爷和老伴儿今年已经76岁，只有一个儿子。儿子大学毕业后留在外地工作，并娶了外地媳妇，两人因为工作忙很少回家也很少与父母联系。现在孙子已经5岁，而老人只有过年那几天才能见到孩子。随着年龄增长，老人们越发思念儿孙，但儿子总以各种理由推托，老人见子心切，便将儿子告上法庭。请问法院应该支持钱大爷的诉求吗?

律师分析

法院应该支持钱大爷的诉求。《老年人权益保障法》第十八条明确规定:“家庭成员应当关心老年人的精神需求，不得忽视、冷落老年人。与老年人分开居住的家庭成员，应当经常看望或者问候老年人。用人单位应当按照国家有关规定保障赡养人探亲休假的权利。”由此可见，常回家看看，不再停留于道德要求的层面，而已经是法律的要求。子女一定要认真对待和履行法律的这项义务；单位一定要依法保障家有老人的子女探亲休假的权利；而老年人遇到顽固不化、忽视自己的子女，也可以凭借此法条规定维护自己的法律权益。本案中，钱大爷的儿子不管是从道德上还是法律上都应该常回家看看。

法条链接

《中华人民共和国老年人权益保障法》

第十八条　家庭成员应当关心老年人的精神需求，不得忽视、冷落老年人。

与老年人分开居住的家庭成员，应当经常看望或者问候老年人。

用人单位应当按照国家有关规定保障赡养人探亲休假的权利。

温馨提示

老年人作为社会生活中的弱势群体，家庭成员应当给予其更多的关注，这不仅仅限于物质生活上的满足，还包括老年人精神需求的满足。尤其是与老人不住在一起的家庭成员，应保证回家看望老人的次数，避免老人长期独自生活而感觉被忽视、被冷落。同时，《老年人权益保障法》也规定用人单位应当保障赡养人探亲休假的权利，因为在现实生活中，年轻人不能回家看望父母的主要原因是工作繁忙，对用人单位的这一规定保障了年轻人的休息休假权，从人性的角度敦促年轻人履行对父母的赡养义务。这一条文被媒体解读为“将常回家看看写入法律”，自此，常回家看看，既是道德要求，也是法律要求。

自测小题

选择：赡养人应当履行的赡养义务包括[1]（　）

A. 经济上的供养义务

B. 精神上的慰藉义务

C. 生活上的照料义务

父母再婚，子女能否以此为由拒付赡养费？

案例实录

68 岁的退休职工吴某在老伴儿去世多年里一直独自生活。后经人介绍，吴某认识了丈夫去世多年的李某。经过一段时间的相处，二人感觉很好，希望在一起生活，互相之间有个照应。可是，吴某的儿女不赞成。为了自己的幸福，吴某依然与李某登记结婚了。自此，吴某的儿女再也没来看过他，而且不支付他的生活费。吴某的退休费不高，生活很困难。那么，吴某再婚后是否可以要求儿女履行赡养义务呢？

律师分析

父母再婚是他们的权利，老年人的婚姻自由同样受法律保护。父母再婚与否只涉及父母新的婚姻关系，对于父母与子女之间的父母子女关系并无影响。子女对父母的赡养义务不因父母婚姻关系的变化而终止，也不因父母新的婚姻关系的成立而解除。《老年

① 解答：ABC。

人权益保障法》第二十一条规定，老年人的婚姻自由受法律保护。子女或其他亲属不得干涉老年人离婚、再婚及婚后的生活。赡养人的赡养义务不因老年人的婚姻关系变化而消除。由此可见，吴某的再婚是符合法律规定的，其儿女没有任何权利干涉他的婚姻自由，当然，其儿女的赡养义务也不应因此有丝毫改变。所以，吴某可以要求儿女履行赡养义务，支付赡养费。如果儿女拒绝，他可以找相关组织调解或者向法院起诉。

法条链接

《中华人民共和国老年人权益保障法》

第二十一条　老年人的婚姻自由受法律保护。子女或者其他亲属不得干涉老年人离婚、再婚及婚后的生活。

赡养人的赡养义务不因老年人的婚姻关系变化而消除。

温馨提示

老年人再婚，在社会上还存在不少障碍，传统习俗对老年人再婚也持否定态度。很多现代的年轻人，对自己年老的父亲或母亲再婚，感情上也转不过弯来。再婚对老年人的身心健康有非常重要的意义，对老年人的心理有积极的调节作用。因此，子女应该尽力让年老的父母尽享天伦之乐，颐养天年，而不应从自己的私利考虑，对父母再婚横加阻拦。

自测小题

判断：毛奶奶的丈夫去世多年。去年，她在舞会上认识了刘爷爷，二人非常谈得来，已经有结婚的打算。但这个决定遭到毛奶奶儿子的坚决反对。他认为，如果毛奶奶和刘爷爷结婚，就没有权利继承和处分父亲留下的遗产。请问毛奶奶儿子的想法是否正确？[1]（　）

老年人可以自己确定监护人吗？

案例实录

刘大爷早年丧妻，独自一人将两个儿子抚养成人。一次偶然的机会，刘大爷认识了丧夫的王某，经过一段时间的了解，二人登记结婚了。刘大爷的儿子由于父亲再婚一事对其很不满，便很少来看望二老。刘大爷便指定王某为自己的监护人。去年2月，刘大爷被查出胃癌晚期，从此卧床不起，王某便承担起监护人的责任。得知此事后，刘大爷的儿子对王某监护人的身份提出反对，认为刘大爷指定王某为其监护人是不合法的。请问他们的说法正确吗？

律师分析

为了保障无民事行为能力人、限制民事行为能力人的人身权益和财产权益，我国设置了监护人制度。监护人的主要职责是保护被监护人的人身、财产及其他合法权益，除了维护被监护人的利益外，不得处理被监护人的财产。老年人是一个特殊保护群体，为了能够更好地维护老年人的合法权益，《老年人权益保障法》第二十六条规定："具备完全民事行为能力的老年人，可以在近亲

① 解答：错误。

属或者其他与自己关系密切、愿意承担监护责任的个人、组织中协商确定自己的监护人。监护人在老年人丧失或者部分丧失民事行为能力时，依法承担监护责任。老年人未事先确定监护人的，其丧失或者部分丧失民事行为能力时，依照有关法律的规定确定监护人。”

由此可见，刘大爷指定王某为自己的监护人是符合法律规定的，其子女的反对无效，王某应行使其监护人的权利，履行其监护人的义务。

法条链接

《中华人民共和国老年人权益保障法》

第二十六条　具备完全民事行为能力的老年人，可以在近亲属或者其他与自己关系密切、愿意承担监护责任的个人、组织中协商确定自己的监护人。监护人在老年人丧失或者部分丧失民事行为能力时，依法承担监护责任。

老年人未事先确定监护人的，其丧失或者部分丧失民事行为能力时，依照有关法律的规定确定监护人。

温馨提示

老年人作为社会生活中的弱势群体，国家为了更好地保障其合法权益，设置了监护人制度，在老年人丧失或者部分丧失民事行为能力时，监护人要依法承担监护责任。而对于老年人监护人的确定，可以在老年人具备完全民事行为能力的情况下，由老年人自己在近亲属或者其他个人、组织中确定；老年人自己没有指定监护人，丧失或者部分丧失民事行为能力后，可以依照相关法律规定对其监护人进行确定。但应该注意的是，监护人必须具有完全行为能力，并依照法律规定确定。监护人的主要职责是保护被监护人的人身、财产及其他合法权益，未经允许不得处理被监护人的财产。

自测小题

选择：根据《民法典》的规定，具有完全民事行为能力的成年人，可以与其近亲属、其他愿意担任监护人的个人或者组织事先协商，以(　　)形式确定自己的监护人，在自己丧失或者部分丧失民事行为能力时，由该监护人履行监护职责。[①]

A. 书面　　　B. 口头　　　C. 书面或口头

协议约定不要遗产可以不尽赡养义务吗？

案例实录

白某是家里的老大，其还有一个弟弟。但从小父母对弟弟疼爱有加，对白某关爱不多，因此白某与父母关系一直不好。弟弟成家后，白某与其约定父母去世后自己不要遗产，但是父母生前的所有开销由弟弟承担，两人签订了协议。后来父亲生病住院，弟弟无法独自承担医药费，便找到白某要其支付部分费用，白某则以之前有协议为由不肯支付。请问子女约定不赡养父母的协议有效吗？

---

① 解答：A。

律师分析

根据《民法典》和《老年人权益保障法》的规定，赡养父母是成年子女的法定义务，这种义务是无条件的，任何人不得以任何理由推卸责任。当父母丧失劳动能力，生活困难时，子女应当给付生活费；当父母生病时，子女应当悉心照料，提供医疗费用等。这些是赡养人应尽的义务，既不允许赡养人以任何理由拒绝履行，也不能对履行附加任何条件。因此，本案中白某与其弟弟签订的协议无效，更不能因此拒绝履行对父母的赡养义务。

法条链接

《中华人民共和国民法典》

第一千零六十九条　子女应当尊重父母的婚姻权利，不得干涉父母离婚、再婚以及婚后的生活。子女对父母的赡养义务，不因父母的婚姻关系变化而终止。

《中华人民共和国老年人权益保障法》

第十九条第一款　赡养人不得以放弃继承权或者其他理由，拒绝履行赡养义务。

温馨提示

法律规定子女和其他赡养人不得以放弃继承权或者其他各种理由拒绝履行赡养义务。也就是说，即使子女放弃对父母去世后遗产的继承权，也仍然需要履行照料、看护父母的义务。而老年人在遇到儿女不履行赡养义务时，可以依法向有管辖权的人民法院提起诉讼。需要注意的是，继承权不是履行赡养义务的对等权利，所以即使放弃继承权，也不能影响赡养义务的承担。

自测小题

选择：汤某痛恨儿子不争气，儿子怨恨父亲和母亲离婚。二人协议一致，决定断绝父子关系，并在各自的朋友圈发表了断绝父子关系的声明。该行为在法律上[①]( )

A. 有效，二人之间的父子关系终止

B. 无效，二人之间的父子关系不受影响

C. 仅在朋友圈发表声明不能产生终止父子关系的效力，二人应当在省级以上报纸上刊载声明

父母去世但叔父健在，孙子女对祖母是否有赡养义务?

案例实录

彭某（女，78岁）是某村的农民。张甲（男，54岁）、张乙（男，51岁）是彭某的两个儿子。张某（男，32岁）是张甲的儿子。张某自幼母亲去世，随祖母一起生活，张甲每个月给彭某300元钱，作为张某的生活费，后张甲在一次车祸中身亡。张某由彭某抚养成人后，到外地打工。彭某年迈，张乙不愿赡养彭某。彭某曾提出和张某一起生活，被张某拒绝。不久前，彭某向人民法院提起诉讼，要求张乙和张某履行对自己的赡养义务。张某辩称，张乙有赡养能力，自己对彭某没有赡养义务。

① 解答：B。

律师分析

《民法典》第二十六条规定："父母对未成年子女负有抚养、教育和保护的义务。成年子女对父母负有赡养、扶助和保护的义务。"父母不履行抚养义务时，未成年的或不能独立生活的子女，有要求父母给付抚养费的权利。子女不履行赡养义务时，无劳动能力的或生活困难的父母，有要求子女给付赡养费的权利。所以，张乙对母亲彭某有赡养义务，其不履行赡养义务时，彭某有要求其给付赡养费的权利。《民法典》第一千零七十四条第二款规定，有负担能力的孙子女、外孙子女，对于子女已经死亡或者子女无力赡养的祖父母、外祖父母，有赡养的义务。在本案中，因彭某的儿子张乙还健在，且具有赡养老人的能力，其不赡养老人是出于思想认识上的原因，而不是有无法履行赡养义务的实际困难。在这种情况下，应当由张乙承担赡养彭某的义务，张某作为彭某的孙子可以免除赡养祖母的义务。

法条链接

《中华人民共和国民法典》

第二十六条　父母对未成年子女负有抚养、教育和保护的义务。

成年子女对父母负有赡养、扶助和保护的义务。

第一千零七十四条第二款　有负担能力的孙子女、外孙子女，对于子女已经死亡或者子女无力赡养的祖父母、外祖父母，有赡养的义务。

温馨提示

《民法典》第一千零七十四条第二款规定，有负担能力的孙子女、外孙子女，对于子女已经死亡或者子女无力赡养的祖父母、外祖父母，有赡养的义务，将这种道德义务上升为一种法律义务，加强了对老年人合法权益的保护。但孙子女、外孙子女对祖父母、外祖父母承担赡养义务须具备两个条件：第一，孙子女、外孙子女须有负担能力；第二，祖父母、外祖父母的子女已经死亡或者子女无力赡养，而且本人需要赡养。也就是说，对子女在世并有赡养能力，或有固定收入和其他生活来源，生活上完全可以自理的祖父母、外祖父母，孙子女、外孙子女是可以免除赡养义务的。

自测小题

判断：只要父母健在，成年的兄、姐在任何时候对弟、妹都没有扶养义务。该说法是否正确？[①]（　）

① 解答：错误。

第七章

子女收养

满足什么条件孩子才可以被收养?

案例实录

万某今年32岁，结婚5年多一直未生育，后经检查得知自己患有不孕症，夫妻俩商量后决定收养一个女儿。夫妻两人均有稳定工作，且各方面符合收养人条件，但两人对幼儿无抚养经验，所以想收养年龄稍微大一点的孩子。请问满足什么条件的孩子才可以被收养?

律师分析

根据《民法典》第一千零九十三条的规定，丧失父母的孤儿、查找不到生父母的未成年人，或者生父母有特殊困难无力抚养的子女都可以被收养。此外还要注意，如果收养8周岁以上的未成年人，应当征得被收养人的同意。

法条链接

《中华人民共和国民法典》

第一千零九十三条　下列未成年人，可以被收养：

（一）丧失父母的孤儿；

（二）查找不到生父母的未成年人；

（三）生父母有特殊困难无力抚养的子女。

第一千一百零四条　收养人收养与送养人送养，应当双方自愿。收养八周岁以上未成年人的，应当征得被收养人的同意。

温馨提示

不是任何未成年人都可以被收养，被收养人必须符合我国法律规定的条件。《民法典》中罗列了可以被收养的未成年人的条件，只有丧失或是找不到父母的孩子，或者亲生父母没有抚养能力的孩子才可以被收养。《民法典》还规定，收养 8 周岁以上未成年人的，除了收养人收养与送养人送养自愿外，还应当征得被收养人的同意。也就是说，对于不满 8 周岁的无父母或找不到父母的未成年人，经送养人、收养人同意即可收养。而对年满 8 周岁未成年人的收养行为，除经上述双方同意外，还需要经被收养人本人同意。

自测小题

填空：收养应当遵循________________原则，保障被收养人和收养人的合法权益。①

我国法律对收养人的资格有条件限制吗？

案例实录

李某是商界精英，与美丽贤惠的妻子有着令人羡慕的婚姻，二人决定过两年事业稳定了就生育宝宝。然而，祸从天降，两人

① 解答：最有利于被收养人。

在一次出游过程中发生车祸，妻子当场死亡。李某对妻子的离世十分愧疚，发誓终身不娶。一晃几年过去了，李某眼看就要40岁了，闲下来时难免有些孤独。李某便打算收养一个孩子作为自己的子女。请问我国法律对收养人的资格有什么要求吗？

律师分析

根据《民法典》第一千零九十八条、第一千一百条、第一千一百零二条的规定，收养人应当同时具备下列条件：（1）收养人必须年满30周岁；（2）无子女或只有一名子女；（3）收养人必须有抚养、教育、保护被收养人的能力；（4）收养人必须未患有在医学上认为不应当收养子女的疾病；（5）收养人必须没有不利于被收养人健康成长的违法犯罪记录。

本案中，如果李某具有抚养、教育孩子的能力，且未患有医学上认为不应当收养子女的疾病，就可以依法收养未成年人为自己的子女。需要注意的是，李某如果要收养女孩，则年龄必须与该女孩相差40周岁以上。

法条链接

《中华人民共和国民法典》

第一千零九十八条　收养人应当同时具备下列条件：

（一）无子女或者只有一名子女；

（二）有抚养、教育和保护被收养人的能力；

（三）未患有在医学上认为不应当收养子女的疾病；

（四）无不利于被收养人健康成长的违法犯罪记录；

（五）年满三十周岁。

第一千一百条 无子女的收养人可以收养两名子女；有子女的收养人只能收养一名子女。

收养孤儿、残疾未成年人或者儿童福利机构抚养的查找不到生父母的未成年人，可以不受前款和本法第一千零九十八条第一项规定的限制。

第一千一百零二条 无配偶者收养异性子女的，收养人与被收养人的年龄应当相差四十周岁以上。

温馨提示

收养人对被收养人的成长具有很大的影响，为了确保被收养人能够健康成长，我国法律对收养人的资格作出了明确的规定，要求收养人必须年满30周岁、没有子女或只有一名子女、未患有在医学上认为不应当收养子女的疾病、无不利于被收养人健康成长的违法犯罪记录且具有抚养、教育、保护孩子的能力。没有配偶的人士收养异性子女的，收养人与被收养孩子的年龄应当相差40周岁以上。这些规定充分保障了收养行为的健康、规范化运行，也有利于保护被收养人的利益。

自测小题

选择：高某年近40周岁未婚，想收养一个小孩。她去福利院考察多次，决定收养一个8周岁的男孩。根据《民法典》的规定，高某能收养这个孩子吗？① （ ）

A. 可以　　　　B. 不可以

① 解答：B。

亲生子女失踪就可以收养孩子吗?

案例实录

范某与妻子常年在外打工，因工作繁忙，5岁的独生子一直跟着爷爷、奶奶在农村老家生活。一天，爷爷、奶奶上山种地，让小孙子独自在家玩耍。等中午老人从地里回来后，却不见孙子的踪影。爷爷、奶奶四处寻找无果后选择报警，警方经过长时间的侦查，始终没有线索。警方怀疑孩子被人贩子拐卖。转眼5年过去了，5年来范某一直在四处寻找，却杳无音讯。现在范某夫妇已经快40岁了，两人决定收养一个孩子。请问他们现在可以收养子女吗?

律师分析

《民法典》第一千零九十八条规定："收养人应当同时具备下列条件：(一) 无子女或者只有一名子女……"可见，《民法典》在一定程度上放宽了收养人收养子女的条件，如果收养人只有一名子女，也可以依法收养子女。基于此，尽管亲生子女失踪后、宣告死亡前，其与生父母的父母子女关系仍然存在，其父母在符合其他条件的情况下，仍然可以收养子女。本案中，范某的孩子已经失踪5年，符合申请宣告死亡的情形，他们可以向法院提出宣告死亡申请，待公告期满，法院宣布其失踪子女死亡后，再经过法定的收养程序收养子女，也可以选择直接依法收养子女。

法条链接

《中华人民共和国民法典》

第四十六条　自然人有下列情形之一的，利害关系人可以向人民法院申请宣告该自然人死亡：

（一）下落不明满四年；

（二）因意外事件，下落不明满二年。

因意外事件下落不明，经有关机关证明该自然人不可能生存的，申请宣告死亡不受二年时间的限制。

第一千零九十八条　收养人应当同时具备下列条件：

（一）无子女或者只有一名子女；

（二）有抚养、教育和保护被收养人的能力；

（三）未患有在医学上认为不应当收养子女的疾病；

（四）无不利于被收养人健康成长的违法犯罪记录；

（五）年满三十周岁。

温馨提示

《民法典》放宽了对收养人的资格限制，除了必要的年满30周岁、有一定的经济条件因素限制外，最重要的就是不再要求收养人没有子女，即如果收养人只有一名子女，也可以依法收养子女。

自测小题

选择：昭昭和丈夫婚后一直未孕，最后决定收养孩子。请问按照法律规定，他们最多可以收养几个孩子?①（　）

A. 1 个　　B. 2 个　　C. 3 个

① 解答：B。

一方隐瞒另一方将子女送养的行为有效吗？

案例实录

方某与罗某生了一对龙凤胎。本来这是一件值得高兴的事，可是方某夫妇都在农村务农，没有其他收入来源，方某的父亲早逝，母亲常年患病。想到要抚养两个孩子，方某感觉有些力不从心，虽然家人都不同意，但方某擅自决定将女儿送给他人收养。妻子罗某知道这件事后，大哭大闹，逼着方某说出孩子收养人的地址，并找到收养人想要回孩子。请问罗某能够要回自己的女儿吗？

律师分析

根据《民法典》第一千零九十七条的规定，生父母送养子女，应当双方共同送养。生父母一方不明或者查找不到的，可以单方送养。可见，子女是父母共同的，生父母送养子女时，必须双方协商一致、共同送养，任何一方未经另一方同意，不得单独送养子女，否则，送养行为不发生法律效力。据此，本案中方某瞒着罗某单独将女儿送与他人收养的行为是无效的。

法条链接

《中华人民共和国民法典》

第一千零九十四条　下列个人、组织可以作送养人：

（一）孤儿的监护人；

（二）儿童福利机构；

（三）有特殊困难无力抚养子女的生父母。

第一千零九十七条　生父母送养子女，应当双方共同送养。生父母一方不明或者查找不到的，可以单方送养。

温馨提示

《民法典》第一千零九十四条规定了因家庭有特殊困难无力抚养子女的生父母可以作为送养人将子女送给他人抚养，这是为了保证未成年人顺利成长，给予其健康的生活环境，同时解决困难家庭生活的无奈之举。因此，《民法典》第一千零九十七条明确表示，亲生父母送养子女，必须经过夫妻双方同意，两人共同送养，夫妻一方欺诈或隐瞒另一方完成的送养行为不发生法律效力，另一方可以依法要求撤回。该法同时规定，孩子生父母一方不明或者查找不到的，另一方才可以单独决定孩子的送养。

自测小题

选择：孔某在几年前被人民法院宣告死亡，其妻子因无力抚养孩子，无奈之下将其送养给一对夫妇。不久前，“死而复生”的孔某向人民法院申请撤销死亡宣告。他可以以自己未同意送养孩子为由主张宣告收养无效吗？[①]（　）

A. 可以　　　　B. 不可以

① 解答：B。

收养关系双方可以约定收养保密吗?

案例实录

常某夫妇通过中间人介绍收养了吕某刚出生的女儿，双方约定对收养事项保密，尤其不能和孩子提起此事。后来孩子上了中学，吕某碰巧到孩子所在的城市办事，认出孩子脖子上的胎记，便忍不住与孩子相认，孩子知道实情后与养父母感情疏远。常某夫妇对此非常懊恼，到法院起诉，要求吕某承担相应的责任。法院会支持常某夫妇的诉讼请求吗?

律师分析

收养行为在一定程度上属于公民个人隐私的内容，因收养行为会对收养家庭、送养家庭和被收养人三方利益产生重要的影响。因此，秘密收养一直是传统的主要收养方式。但生活中常有这样的事情发生，送养人基于情感原因，或一时疏忽，将这一秘密泄露，给收养家庭和被收养人造成不小的麻烦。为此，《民法典》第一千一百一十条专门作出有关收养行为保密的规定。收养人、送养人要求保守收养秘密的，其他人应当尊重其意愿，不得泄露。《最高人民法院关于确定民事侵权精神损害赔偿责任若干问题的解释》第二条规定，非法使被监护人脱离监护，导致亲子关系或者近亲属间的亲属关系遭受严重损害，监护人向人民法院起诉请求赔偿精神损害的，人民法院应当依法予以受理。据此，常某夫妇可以依法提起对吕某违反保密约定、泄露其女被收养这一事实的侵权诉讼。

法条链接

《中华人民共和国民法典》

第一千一百一十条 收养人、送养人要求保守收养秘密的，其他人应当尊重其意愿，不得泄露。

《最高人民法院关于确定民事侵权精神损害赔偿责任若干问题的解释》

第二条 非法使被监护人脱离监护，导致亲子关系或者近亲属间的亲属关系遭受严重损害，监护人向人民法院起诉请求赔偿精神损害的，人民法院应当依法予以受理。

温馨提示

对孩子进行抚养的养父母有要求生父母保守收养秘密的权利，未履行保密义务的将承担侵权责任。对此，《最高人民法院关于确定民事侵权精神损害赔偿责任若干问题的解释》第二条规定了他人非法使被监护人脱离正常监护，导致亲子关系或者近亲属间的亲属关系遭受严重损害的，监护人有权向人民法院起诉请求赔偿精神损害，这一规定对收养关系中双方履行保守收养秘密责任进行了限制。

自测小题

选择：收养8周岁以上的未成年人，需要取得(　)的同意。①

A. 当地民政部门　　B. 当地公安部门

C. 被收养人

---

① 解答：C。

孩子被收养后还要对生父母尽赡养义务吗？

案例实录

卢某3岁那年，其父死于一场意外事故。次年，母亲不堪家庭重负，将卢某送给同村一对赵姓夫妇收养后，自此杳无音信。卢某跟随养父母长大后娶妻生子，一家人过得幸福美满。30年后，卢某的生母因体弱多病失去了劳动能力，又回到村里。她找到卢某，要求其尽赡养义务，遭到卢某拒绝，卢母便起诉至法院，要求卢某履行赡养义务。卢母的诉求会得到法院支持吗？

律师分析

根据《民法典》第一千一百一十一条的规定，自收养关系成立之日起，养父母与养子女间的权利义务关系，适用该法关于父母子女关系的规定……养子女与生父母以及其他近亲属间的权利义务关系，因收养关系的成立而消除。本案中，赵某夫妇通过合法的途径收养卢某后，养子与生父母之间的关系就已经消除，对生父母不再承担赡养义务，因此卢某的生母无权要求卢某来赡养自己。当然，出于血缘关系的考虑，卢某也可以自愿帮助或赡养生母。

法条链接

《中华人民共和国民法典》

第一千一百一十一条　自收养关系成立之日起，养父母与养子女间的权利义务关系，适用本法关于父母子女关系的规定；养子女与养父母的近亲属间的权利义务关系，适用本法关于子女与父母的近亲属关系的规定。

养子女与生父母以及其他近亲属间的权利义务关系，因收养关系的成立而消除。

温馨提示

子女被他人收养后，虽然和生父母仍有血缘上的联系，但是，他们之间在法律上的权利义务关系已经完全解除。父母对送给他人收养的子女不再有抚养教育的义务，同样，被收养的子女对生父母也没有赡养的义务。当然，如果被收养的子女自愿赡养生父母的，法律并不禁止。

自测小题

选择：刘某自小被父母送养给远房亲戚，双方一直没有来往。不久前，刘某因病离世，留下一大笔遗产，其生父母是否有权继承刘某的遗产？[1]（　）

A. 有权　　　　B. 无权

收养人虐待被收养人的，送养人可以解除收养关系吗？

案例实录

张某因家庭困难，无法承担两个孩子的抚养义务，便将6岁的女儿小影给离异女子钱某抚养，双方依法签订收养协议，并到民政部门备案。但是钱某脾气不好，收养小影后经常对其进行打

① 解答：B。

骂，小影常常带着伤哭着跑回家。张某不忍女儿受虐待，向法院起诉，要求解除女儿与钱某的收养关系。法院会支持张某的请求吗？

律师分析

收养应当有利于被收养的未成年人的成长，保障被收养人的合法权益。法律对收养关系的承认，是为了给予被收养人良好的成长环境，为被收养人创造更有利的生活条件。如果由于收养关系的存在，给被收养人造成严重的身体和心理创伤，根据《民法典》第一千一百一十四条第二款的规定，双方可以解除收养关系。本案中，钱某不履行抚养义务，有虐待被收养人小影的行为，小影父母以此为由提起诉讼，收养关系可以依法解除。

法条链接

《中华人民共和国民法典》

第一千一百一十四条　收养人在被收养人成年以前，不得解除收养关系，但是收养人、送养人双方协议解除的除外。养子女八周岁以上的，应当征得本人同意。

收养人不履行抚养义务，有虐待、遗弃等侵害未成年养子女合法权益行为的，送养人有权要求解除养父母与养子女间的收养关系。送养人、收养人不能达成解除收养关系协议的，可以向人民法院提起诉讼。

第一千一百一十五条　养父母与成年养子女关系恶化、无法共同生活的，可以协议解除收养关系。不能达成协议的，可以向人民法院提起诉讼。

温馨提示

收养行为是为了被收养人能够健康成长，收养人能够老有所养。当收养人与被收养人关系恶化后，这种收养关系就没有存在的必要了。《民法典》第一千一百一十四条、第一千一百一十五条对关系破裂的收养关系如何处置作出了规定，在收养关系中，收养人不履行抚养义务，对收养的未成年养子女有虐待、遗弃等侵害其合法权益行为的，被收养人的父母或其他送养人有权要求解除养父母与养子女间的收养关系。已成年的养子女与养父母关系恶化无法一起生活的，双方协商一致可以解除收养关系；无法达成解除收养关系协议的，可以向人民法院起诉。

自测小题

选择：收养人与被收养人协议解除收养关系的，应当在以下哪个部门办理解除收养关系登记？[①]（　）

A. 公安机关　　B. 人民法院　　C. 民政部门

对亲友子女的抚养属于收养行为吗？

案例实录

刘某与齐某是多年的好友，但两人不在一个城市生活。去年7月，齐某与妻子外出时发生车祸，两人全部遇难，且没有近亲属可以代为抚养孩子，留下一个8岁的儿子无人照管。刘某得知

① 解答：C。

消息后，便将齐某的儿子接来与自己同住，不但细心照顾齐某儿子的生活起居，还供其上最好的学校，像自己亲生儿子一般对待。那么，刘某与齐某的儿子之间形成的是收养关系吗？

律师分析

收养与抚养是不同的法律关系，收养关系反映的是收养人与被收养人之间的父母子女关系。收养需要办理法律上的收养手续。抚养是指孤儿或生父母无力抚养的子女，由其亲朋自愿抚养，法律上并不禁止，但这不代表必须建立收养关系。根据《民法典》第一千一百零七条的规定，孤儿或者生父母无力抚养的子女，可以由生父母的亲属、朋友抚养，但他们之间并不成立收养关系。本案中，刘某出于爱心自愿抚养齐某的儿子，双方之间并不构成收养关系。可见，抚养亲属、朋友的孩子不属于收养行为，他们之间不适用收养关系。

法条链接

《中华人民共和国民法典》

第一千一百零七条　孤儿或者生父母无力抚养的子女，可以由生父母的亲属、朋友抚养；抚养人与被抚养人的关系不适用本章规定。

温馨提示

收养关系的成立必须符合法律规定的条件，不是任何帮他人照顾孩子的行为都能构成收养行为，形成收养关系。《民法典》第一千一百零七条明确规定，因父母死亡或者其他原因找不到父母的孤儿、亲生父母没有能力抚养的子女，可以由生父母的亲属、朋友代为抚养，而抚养亲属、朋友的孩子不属于收养行为，抚养过程中抚养人与被抚养人的权利义务关系没有变化，也就是孩子与抚养人的关系不发生变化，所以这种情况下抚养人与被抚养人的关系不适用收养关系，不适用收养关系对双方权利义务的规定。

自测小题

选择：商商自幼失去父亲。不久前，其母亲廖某查出身患绝症。廖某想趁着自己还清醒，事先确定好商商将来的监护人，其遗嘱中可以指定以下哪些人担任商商的监护人?[1]（　）

A. 商商的外公、外婆

B. 廖某的至交好友云某

C. 商商的姑姑小沈

解除收养关系的养子女是否享有对生父母的继承权？

案例实录

杨某年幼时因家庭困难，父母将其送给别人收养。可是养父脾气不好，经常喝酒，酒后便会殴打杨某，杨某多次想逃离养父家未果。成年后，杨某以养父实施家庭暴力为由向法院起诉，法院判决双方解除收养关系。杨某找到亲生父母，父母心存愧疚，同意杨某回来一起生活，但是杨某的弟弟却让杨某签协议，证明杨某将来不继承父母的遗产。请问杨某可以继承亲生父母的遗产吗？

---

① 解答：ABC。

律师分析

养父母和养子女的父母子女关系是依照法律程序成立的一种收养关系，他们之间的一切权利义务关系都是由此而来，因此，养父母与养子女的收养关系一经依法解除，他们之间抚养、赡养的权利义务关系亦即结束。根据《民法典》第一千一百一十七条的规定，收养关系解除后，养子女与养父母以及其他近亲属间的权利义务关系即行消除，与生父母及其他近亲属间的权利义务关系自行恢复，但成年养子女与生父母以及其他近亲属间的权利义务关系是否恢复，可以协商确定。可见，养子女未成年的，收养关系解除后，养子女和亲生父母的权利义务关系自行恢复，在这种情况下，养子女可以继承生父母的遗产。但如果是成年的养子女，他们本人愿意自食其力而不愿意回到生父母身边，或者生父母不同意与他恢复关系，那么他们对于生父母的财产不享有继承权。本案中，杨某与生父母协商恢复了权利义务关系，因此享有继承权。

法条链接

《中华人民共和国民法典》

第一千一百一十七条　收养关系解除后，养子女与养父母以及其他近亲属间的权利义务关系即行消除，与生父母以及其他近亲属间的权利义务关系自行恢复。但是，成年养子女与生父母以及其他近亲属间的权利义务关系是否恢复，可以协商确定。

温馨提示

收养关系解除后，养子女和养父母之间的权利义务关系即行消除，同时养子女与养父母及其他亲属之间的权利义务关系随即消失。而对于养子女与亲生父母间的关系，我国法律规定，未成年养子女与养父母解除收养关系后，与亲生父母以及其他近亲属间的权利义务关系自行恢复；成年养子女与生父母以及其他近亲属间的权利义务关系是否恢复，需要经过双方协商确定，双方都同意恢复权利义务关系的，则成年养子女与生父母以及其他近亲属间的权利义务关系恢复，成年养子女负有赡养生父母的义务，也享有对生父母遗产的继承权。

自测小题

判断：收养关系解除后，养子女就不再对养父母负有任何义务。该说法是否正确?[①]（　）

养子女不尽赡养义务，养父母可以剥夺他的继承权吗?

案例实录

岳老太在丈夫去世后，便与女儿相依为命。女儿出嫁后，岳老太很寂寞，便收养了一个养子甲。甲结婚后，养母年老多病，甲一直不赡养养母，并声称要脱离收养关系。为此，女儿三天两头地请假回去照顾母亲。岳老太对养子非常气愤，不得已到法院起诉，要求养子尽赡养义务。可是在此期间，岳老太不幸去世。此时，养子甲要求与姐姐平分养母的遗产。请问养子甲的要求有法律依据吗?

① 解答：错误。

律师分析

养子女对养父母应尽到赡养义务，但如果养子女没有履行赡养职责，不代表他一定丧失继承养父母遗产的权利。因为养父母没有通过法律程序解除双方之间的收养关系，他们之间仍然存在父母与子女间的权利和义务，在继承遗产时，不能剥夺其继承权。继承权利和赡养义务不是一种对等的权利义务关系，不履行一项义务并不意味着另一项权利丧失。只有发生《民法典》第一千一百二十五条规定的丧失继承权的情形，继承人才丧失继承权。而养子女未尽赡养义务的，如果不构成遗弃，是不符合法定丧失继承权情形的，仍然享有财产继承权。所以本案中岳老太并未通过法律程序解除与养子的收养关系，因此他们仍然存在父母与子女间的权利和义务，在继承遗产时，养子享有继承权。但是由于其长期以来有能力、有条件而拒不履行赡养义务，法律明确规定其在继承遗产时，应当少分或者不分。

法条链接

《中华人民共和国民法典》

第一千一百二十五条　继承人有下列行为之一的，丧失继承权：

（一）故意杀害被继承人；

（二）为争夺遗产而杀害其他继承人；

（三）遗弃被继承人，或者虐待被继承人情节严重；

（四）伪造、篡改、隐匿或者销毁遗嘱，情节严重；

（五）以欺诈、胁迫手段迫使或者妨碍被继承人设立、变更或者撤回遗嘱，情节严重。

继承人有前款第三项至第五项行为，确有悔改表现，被继承人表示宽恕或者事后在遗嘱中将其列为继承人的，该继承人不丧失继承权。

受遗赠人有本条第一款规定行为的，丧失受遗赠权。

第一千一百三十条第四款　有扶养能力和有扶养条件的继承人，不尽扶养义务的，分配遗产时，应当不分或者少分。

温馨提示

我国继承制度的基本原则是男女平等、权利义务相一致以及有利于养老育幼的原则，并提倡继承人之间发扬互让互助、和睦团结的精神。养父母生前因养子女不尽赡养义务而向法院起诉，但只是要求养子女承担赡养义务，并没有要求通过法律程序解除双方之间的收养关系，他们之间仍然存在父母与子女间的权利和义务，在继承遗产时，不能剥夺养子女的继承权。如果养子女长期以来确实有能力、有条件而拒不尽赡养义务，或者有虐待、遗弃老人的行为，则不应分得遗产。但必须经人民法院判决才能取消其继承权。

自测小题

选择：因成年养子女遗弃养父母而解除收养关系的，养父母可以要求成年养子女[①](　)

A. 支付精神损害赔偿金　　B. 补偿收养期间支出的抚养费

C. 赔偿损失并赔礼道歉

① 解答：B。

第八章

遗产继承

无行为能力人设立的遗嘱有效吗？

案例实录

周某5岁时父母在一次交通事故中双双身亡，其父母为他留下了一笔遗产。从此，周某与姑姑一起生活，姑姑将周某当成自己的亲生儿子抚养，周某也十分懂事，双方相处很和睦。不幸的是，周某11岁时被确诊患有癌症，经多方医治无效很快去世。姑姑在整理周某的遗物时发现周某在9岁时写的一封遗嘱，内容是自己所有的遗产由姑姑继承。请问周某的姑姑可以继承侄子的财产吗？

律师分析

《民法典》第一千一百四十三条第一款明确规定，无民事行为能力人或者限制民事行为能力人所立的遗嘱无效。本案中，周某在立遗嘱时只是一个年仅9岁的孩子，属于法律上规定的限制民事行为能力人，所以其所立的遗嘱是没有法律效力的。另外，《民法典》第一千一百三十一条规定："对继承人以外的依靠被继承人扶养的人，或者继承人以外的对被继承人扶养较多的人，可以分给适当的遗产。"自周某父母去世以后，周某都是由姑姑抚养的，所以，基于此条法律的规定，其姑姑可以适当分得周某的遗产。

法条链接

《中华人民共和国民法典》

第十九条　八周岁以上的未成年人为限制民事行为能力人，实施民事法律行为由其法定代理人代理或者经其法定代理人同意、追认；但是，可以独立实施纯获利益的民事法律行为或者与其年龄、智力相适应的民事法律行为。

第二十条　不满八周岁的未成年人为无民事行为能力人，由其法定代理人代理实施民事法律行为。

第一千一百三十一条　对继承人以外的依靠被继承人扶养的人，或者继承人以外的对被继承人扶养较多的人，可以分给适当的遗产。

第一千一百四十三条第一款　无民事行为能力人或者限制民事行为能力人所立的遗嘱无效。

温馨提示

无民事行为能力人的继承权、受遗赠权由其法定代理人代为行使。限制民事行为能力人的继承权、受遗赠权由其法定代理人代为行使，或者征得法定代理人的同意行使。民事行为能力是指权利主体凭自己的意思表示能够产生民事法律后果的资格。根据《民法典》的规定，不满 8 周岁的儿童、不能辨认自己行为的成年人为无民事行为能力人。已满 8 周岁、不满 18 周岁的未成年人一般为限制民事行为能力人。

自测小题

选择：无民事行为能力人自行作出的放弃继承决定有效吗？[1]（ ）

A. 有效　　　　B. 无效

遗嘱继承与法定继承并存，应优先适用哪种继承形式？

案例实录

付某死后遗留了4万元现金和其他日常生活用品。付某有2个儿子、2个女儿，只有小女儿还在读大学。儿女们经过协商决定平均分割遗产。在外地念书的小女儿得知此事后，返回家中，提出父亲生前留有书面遗嘱，并经过公证机关公证，遗嘱将4万元全部留给小女儿。哥哥和姐姐认为父亲偏心，应当按照平均原则进行分割。请问在这种情况下是按遗嘱继承办理，还是按法定继承办理？

律师分析

按照《民法典》的规定，继承开始后，按照法定继承办理；有遗嘱的，按照遗嘱继承或者遗赠办理；有遗赠扶养协议的，按照协议办理。可见，遗嘱继承与遗赠扶养协议优先于法定继承。根据这一法律规定，我国财产继承的根据有三种方式：一是法定继承，二是遗嘱继承或者遗赠，三是遗赠扶养协议。法定继承和

---

① 解答：B。

遗嘱继承的适用效力是不平等的，继承开始后如果立有遗嘱的，应先按照遗嘱继承，优先于法定继承。这充分反映了立遗嘱的被继承人处分自己遗产的意志和愿望。本案中，付某立有遗嘱，将遗产的一部分赠与小女儿，所以应该按照遗嘱办理。

法条链接

《中华人民共和国民法典》

第一千一百二十三条　继承开始后，按照法定继承办理；有遗嘱的，按照遗嘱继承或者遗赠办理；有遗赠扶养协议的，按照协议办理。

温馨提示

遗嘱是公民在生前按照自己的意志处分自己财产的行为。只有当公民没有就自己的财产作出意思表示，无法依照自己的意志分配遗产时，才遵循法定的继承方式。遗嘱继承优先于法定继承的规定，充分反映了国家尊重和保护公民自愿处分自己财产的意志和愿望，国家优先保护公民的个人意志。

自测小题

判断：遗嘱继承是指被继承人将遗产留给了法定继承人之外的人。该说法是否正确?[①]（　）

① 解答：错误。

临终前的口头遗嘱有效吗?

案例实录

某地产公司董事长突发心脏病，被送到医院抢救。他临终前对妻子、身边的主治医生和护士说，希望自己死后由女婿接替自己的位置掌管公司，将公司50%的股权分给女儿，20%的股权分给儿子。该公司董事长去世后，其儿子以父亲在临终前所设立的为口头遗嘱，不具有法律效力为由，要求接管公司。请问临终前设立的口头遗嘱具有法律效力吗?

律师分析

根据《民法典》第一千一百三十八条的规定，遗嘱人在危急情况下，而且有两个以上见证人在场，订立的口头遗嘱一般是有效的。本案中，该公司董事长在临终前的紧急时刻，在身边有两个以上见证人的情况下，设立了口头遗嘱，应该被认定为是有效的。

法条链接

《中华人民共和国民法典》

第一千一百三十八条　遗嘱人在危急情况下，可以立口头遗嘱。口头遗嘱应当有两个以上见证人在场见证。危急情况消除后，遗嘱人能够以书面或者录音录像形式立遗嘱的，所立的口头遗嘱无效。

温馨提示

为了限制口头遗嘱设立的随意性，保证口头遗嘱的效力，法律规定只有在遗嘱人生命垂危或者其他危急的情况下，而且有两个以上的见证人时才可以设立口头遗嘱。在危急情况解除后，遗嘱人能够用口头以外的形式设立遗嘱时，应当再次设立遗嘱，否则口头遗嘱无效。在这些危急情况下，法律并不要求遗嘱的特定形式要件，但是遗嘱人事后还应再设立遗嘱。

自测小题

选择：以下自然人可作为遗嘱见证人的是[①]（　）

A. 8 岁的数学天才玲玲

B. 被继承人的女婿

C. 在医院工作的医护

内容互相抵触的多份遗嘱该如何执行？

案例实录

孙某夫妇生有 3 个子女，3 个子女之间的关系并不融洽。上个月，孙某意外身亡。在处理孙某的后事时，妻子发现孙某生前共立有 4 份遗嘱，但这 4 份遗嘱的内容大相径庭。孙某的妻子不知道该如何处理。请问立遗嘱人设立的多份遗嘱内容相悖，究竟哪份遗嘱具有法律效力？

律师分析

根据《民法典》第一千一百四十二条的规定可知，如果遗嘱人生前立有几份内容相冲突的遗嘱，以最后的遗嘱为准。这是因

① 解答：C。

为遗嘱继承强调尊重立遗嘱人的意思自治。因此，立遗嘱人有权撤回、变更自己先前所立的遗嘱。在现实生活中，立遗嘱人可能因为各种原因订立了多份遗嘱，如果这些遗嘱内容相冲突，以最后的遗嘱为准，尊重立遗嘱人生前最后的意思表示。

法条链接

《中华人民共和国民法典》

第一千一百四十二条　遗嘱人可以撤回、变更自己所立的遗嘱。

立遗嘱后，遗嘱人实施与遗嘱内容相反的民事法律行为的，视为对遗嘱相关内容的撤回。

立有数份遗嘱，内容相抵触的，以最后的遗嘱为准。

温馨提示

遗嘱是遗嘱人生前对其死亡后的财产分配所作的处分，遗嘱人死亡后，遗嘱才能发生法律效力，遗嘱人在死亡前可以变更、撤销遗嘱。这样一来，在遗嘱生效前，很有可能存在多份遗嘱，那么，此时应当如何确定遗嘱的效力呢？由于遗嘱生效前，遗嘱人又对其财产作出了新的分配，那么，其最后的遗嘱是最终的意思表示，法律也认定最后所立的遗嘱具有法律效力。

自测小题

选择：去年，左某立了一份公证遗嘱，将遗产留给妻子。半年前，左某在医院急救时，立了一份口头遗嘱，将遗产留给妻子和大女儿。上个月，他又手写了一份遗嘱，将遗产留给妻子和小女儿。

前几天，左某离世。关于遗产归属，下列说法正确的是[①]（ ）

A. 妻子

B. 妻子和大女儿

C. 妻子和小女儿

如何通过录视频来立遗嘱？

案例实录

杜某今年75岁，妻子前几年去世，儿女们都身在外地，因此这些年来，一直都是刘某在照顾杜某。刘某是杜某家的保姆，刘某心细又体贴，把杜某照顾得非常好，时间长了两人产生了感情。其实，杜某有心与刘某结婚，但遭到儿女们的反对，杜某也就没有再提起，但刘某没有因此憎恨杜某，依然一心一意地照顾杜某。对此，杜某一直很愧疚，觉得对不起刘某，没有给刘某一个名分。于是，杜某想要立一份遗嘱，把自己的一部分财产赠与刘某。杜某经过打听后得知可以通过视频立遗嘱，但是不知道该怎么操作。那么，录视频立遗嘱该如何操作呢？

律师分析

随着手机的普及，录制视频变成很方便的事情。《民法典》将录像方式的遗嘱写入了法律，明确规定可以通过录音录像或者视频的方式订立遗嘱。同时，录音录像的遗嘱应当符合法定的形

① 解答：C。

式。《民法典》第一千一百三十七条就明确规定：“以录音录像形式立的遗嘱，应当有两个以上见证人在场见证。遗嘱人和见证人应当在录音录像中记录其姓名或者肖像，以及年、月、日。”

在上述案例中，如果杜某希望通过录像的方式订立遗嘱，将部分遗产留给刘某，至少需要找到两个见证人。同时，在录音录像过程中，还应当记录杜某和见证人的姓名或者肖像，以及具体日期，如果欠缺这些因素，视频遗嘱就不具有法律效力。

法条链接

《中华人民共和国民法典》

第一千一百三十七条　以录音录像形式立的遗嘱，应当有两个以上见证人在场见证。遗嘱人和见证人应当在录音录像中记录其姓名或者肖像，以及年、月、日。

温馨提示

立遗嘱是一项重要的法律行为。为了立一份合法有效的遗嘱，以备能够按照遗嘱人的意思表示处置其财产，遗嘱人一定要谨慎对待，最好事先学习《民法典》中关于立遗嘱的相关规定，特别是通过视频等方式设立的遗嘱，法定要素很多，且缺一不可。

自测小题

选择：关于视频遗嘱，下列哪些情形是必要的：（　）[①]

A. 两个以上见证人在场见证

B. 遗嘱人在视频中陈述其姓名或者展示其肖像，阐明年、

---

① 解答：ABC。

月、日

C. 见证人在视频中陈述其姓名或者展示其肖像，阐明年、月、日

D. 遗嘱中的继承人应该出现在视频中

订立遗嘱后，立遗嘱人又对遗嘱财产作了处分怎么办？

案例实录

刘某早年经商，家境颇丰。在一次生病后，刘某立下遗嘱。遗嘱中明确表示自己的房产由长子继承，150 万元存款由次子继承。可是随着病情的加重，两个儿子照顾刘某的时间越来越少，反倒是女儿、女婿对自己非常好。刘某伤心之余，从遗嘱中分给次子的150 万元中拿出100 万元打到了女儿的银行卡上。那么，在这种情况下，刘某订立的遗嘱还有效吗？

律师分析

根据《民法典》第一千一百四十二条的规定可知，如果遗嘱人生前实施的行为与遗嘱的意思表示相反，应当认定为遗嘱的相关内容被撤回。本案中，在继承开始前，刘某处分了遗嘱中涉及的部分财产，应当视为遗嘱被部分撤回。

法条链接

《中华人民共和国民法典》

第一千一百四十二条　遗嘱人可以撤回、变更自己所立的遗嘱。

立遗嘱后，遗嘱人实施与遗嘱内容相反的民事法律行为的，视为对遗嘱相关内容的撤回。

立有数份遗嘱，内容相抵触的，以最后的遗嘱为准。

温馨提示

财产所有权人有权随时处分自己的合法财产，遗嘱人生前订立遗嘱是为了更好地处分自己的财产权，遗嘱在遗嘱人死亡后才发生法律效力，在此之前，遗嘱人所立的遗嘱只是对自己的财产作出一个预处分，其效力仍处于待定状态，此时，继承人只是享有一种继承期待权，遗嘱人对遗嘱财产的处分只是表明其对自己的财产重新作出处分，遗嘱中涉及该部分财产的内容应视为被遗嘱人自愿撤销。

自测小题

选择：钟某80岁了，他自己写了一份《老钟的遗嘱》，将自己的财产平分给子女。某天，他召集子女到家中，说要将部分财产用来做慈善，先前定的遗产不作数了，他的财产具体怎么分，等他和律师确定了再说。后钟某突然离世，其子女未找到遗嘱。他们应当按照什么方式继承遗产?[①]（　）

A. 按法定继承办理

B. 根据《老钟的遗嘱》中载明的分配方式办理

C. 根据钟某律师的意见办理

---

① 解答：A。

拒不履行赡养义务的子女有权继承遗产吗?

案例实录

胡某有一儿一女，儿女都已经成家立业。胡某年事渐高，生活不能自理，需要有人照料，便与儿子住到一起。虽然和儿子生活在一起，但儿子从不尽赡养义务，还经常打骂胡某。无奈之下，胡某只得到女儿家和女儿、女婿一家人共同生活。自此，儿子便再也不来看望胡某，更别说支付赡养费了。不久前，胡某病重，决定将自己的房产和存款都留给女儿一家。胡某去世后，胡某的儿子认为遗产应由他继承。请问胡某的儿子还有继承权吗?

律师分析

胡某的儿子不再享有继承权。《民法典》第一千一百二十五条规定，遗弃被继承人，或者虐待被继承人情节严重的继承人会丧失继承权。如果情节极为恶劣，还可以根据《刑法》的规定追究其刑事责任。本案中，胡某之子不但不赡养胡某，还经常对其进行打骂，属于虐待胡某，因此不再享有继承权。

法条链接

《中华人民共和国民法典》

第一千一百二十五条　继承人有下列行为之一的，丧失继承权：

……

（三）遗弃被继承人，或者虐待被继承人情节严重；

……

继承人有前款第三项至第五项行为，确有悔改表现，被继承人表示宽恕或者事后在遗嘱中将其列为继承人的，该继承人不丧失继承权。

受遗赠人有本条第一款规定行为的，丧失受遗赠权。

温馨提示

司法实践中，往往存在继承人为了独占或者继承较多份额的遗产而伤害其他继承人或者被继承人的行为。为了防止该情况发生，法律规定在某些特定的情形下，继承人的继承权存在丧失的风险，主要包括：（1）故意杀害被继承人；（2）继承人为了争夺遗产而杀害其他继承人；（3）继承人对没有劳动能力和独立生活来源及独立生活能力的被继承人拒不履行赡养义务的，或者继承人在被继承人生前对其进行经常性的肉体摧残或精神折磨，情节严重的；（4）伪造、篡改或者销毁遗嘱情节严重的。

自测小题

选择：一般情况下，可以从以下哪些方面认定虐待情节？①（　）

A. 实施虐待行为的时间

B. 实施虐待行为的方式

C. 实施虐待行为的后果

① 解答：ABC。

互有继承权的几人同时死亡，该如何行使继承权？

案例实录

吕某和刘某结婚后育有一子刘小某，一天一家三口外出旅游遭遇车祸，三人全部遇难。处理完丧事后，刘某的妹妹准备以刘某唯一亲人的身份继承哥哥的全部遗产。吕某的母亲认为自己也有继承女儿遗产的权利，要求与刘某的妹妹平分遗产。刘某的妹妹不同意，双方为此产生纠纷。那么，法律对这种情况是如何规定的呢？

律师分析

《民法典》第一千一百二十一条明确规定，相互有继承关系的几个人在同一事件中死亡，如果不能确定死亡时间，推定没有其他继承人的人先死亡。死亡人各自有其他继承人的，如果几个死亡人辈份不同，推定长辈先死亡；如果几个死亡人辈份相同，推定同时死亡，彼此不发生继承，由他们各自的继承人分别继承。本案中，吕某与刘某是刘小某的长辈，在无法确定死亡时间的情况下，只能推断他们先于儿子刘小某死亡，且二人辈份相同，彼此不发生继承，而由他们各自的继承人分别继承。刘某的继承人为刘小某，吕某的继承人为自己的双亲和儿子刘小某。按照刘小某最后死亡的推定，他的遗产应由他的法定继承人继承，也就是其外祖父母——吕某的父母为法定继承人。而刘某的妹妹没有继承权，无法要求继承哥哥、嫂子的遗产。

法条链接

《中华人民共和国民法典》

第一千一百二十一条　继承从被继承人死亡时开始。

相互有继承关系的数人在同一事件中死亡，难以确定死亡时间的，推定没有其他继承人的人先死亡。都有其他继承人，辈份不同的，推定长辈先死亡；辈份相同的，推定同时死亡，相互不发生继承。

第一千一百三十条第一款　同一顺序继承人继承遗产的份额，一般应当均等。

温馨提示

一家人同时死亡会产生一些复杂的法律问题，比如继承问题。因为他们之间的继承顺序难以确定，法律就采取推定死亡时间的方式确认其死亡时间，进而确定他们之间的继承顺序，具体为：没有继承人的人先死亡，而有继承人的则推定长辈先死亡，同辈人则推定同时死亡，他们之间不发生继承。厘清继承顺序，才能更好地保护公民的继承权。

自测小题

选择：被继承人的子女先于被继承人死亡的，相应的遗产由谁继承？[1]（　）

A. 被继承人的子女的兄弟姐妹

B. 被继承人的子女的配偶

C. 被继承人的子女的晚辈直系血亲

① 解答：C。

继子女对继父享有继承权吗?

案例实录

钟某与丈夫结婚后生有一女，由于丈夫重男轻女的思想严重，便对女儿横眉冷对，不闻不问。钟某无法忍受丈夫的态度，便与其离婚，又与程某组建了新的家庭。婚后，程某对钟某的女儿疼爱有加，但同时心里也产生了疑问：如果自己去世，这个小女孩是否可以继承自己的遗产？

律师分析

此女享有继承权。《民法典》第一千一百二十七条中明确规定，法定继承中所指的子女，包括婚生子女、非婚生子女、养子女和有扶养关系的继子女。此女为程某的继女，形成了扶养关系，依法享有继承权。

法条链接

《中华人民共和国民法典》

第一千零七十二条　继父母与继子女间，不得虐待或者歧视。

继父或者继母和受其抚养教育的继子女间的权利义务关系，适用本法关于父母子女关系的规定。

第一千一百二十七条　遗产按照下列顺序继承：

（一）第一顺序：配偶、子女、父母；

（二）第二顺序：兄弟姐妹、祖父母、外祖父母。

继承开始后，由第一顺序继承人继承，第二顺序继承人不继承；没有第一顺序继承人继承的，由第二顺序继承人继承。

本编所称子女，包括婚生子女、非婚生子女、养子女和有扶养关系的继子女。

本编所称父母，包括生父母、养父母和有扶养关系的继父母。

……

温馨提示

继父母与受其抚养的继子女之间的权利义务关系，适用法律关于生父母子女关系的有关规定，即法律将继父母子女在法律上的地位视同生父母子女，对其一视同仁，保障其享有同等的权利。由于有扶养关系的继子女与继父母之间形成了法律上的拟制血亲关系，因而其可以像婚生子女一样，享有相应的权利。具体到继承关系，继子女依法可以像婚生子女一样，作为法定继承人继承被继承人的遗产。

自测小题

选择：李某带着4岁的女儿李小某、赵某带着成年的儿子赵小某重新组成了家庭，四人家庭和和美美。不幸的是，赵某在一场意外事故中丧生。根据我国的法定继承制度，有权继承赵某遗产的有①(　)

A. 李某　　B. 李小某

C. 赵小某　　D. 赵某的岳父

---

① 解答：ABC。

儿子丧失继承权，其子女能否行使代位继承权？

案例实录

郭某是家中的独子，家人对他非常溺爱，造成了郭某自私自利、乖张跋扈的性格。郭某长大成家后，因不愿承担照顾父母的责任，经常打骂、虐待自己的父母，性质恶劣，经教育仍不悔改。在一次地震中，郭某和妻子不幸死亡，只留下一个儿子。请问郭某和妻子去世后，郭某的儿子可以代位继承爷爷、奶奶的遗产吗？

律师分析

郭某的儿子不能代位继承。代位继承，是指被继承人的子女先于被继承人死亡时，由被继承人子女的晚辈直系血亲代替先死亡的长辈直系血亲继承被继承人遗产的一项法定继承制度。例如，祖父去世后留下的遗产本应该由父亲继承，但是父亲先于祖父去世了，则由父亲的子女代替父亲行使继承权。但是，如果父亲生前已经丧失继承权的，其子女就不能代位继承了。郭某生前有打骂、虐待父母的行为，且性质恶劣，应被认定为丧失继承权。在父母丧失继承权的情况下，其子女不能代位继承，因为代位继承人只能继承被代位继承人有权继承的遗产份额，即郭某的儿子不能再代位继承遗产。

法条链接

《中华人民共和国民法典》

第一千一百二十八条　被继承人的子女先于被继承人死亡的，由被继承人的子女的直系晚辈血亲代位继承。

被继承人的兄弟姐妹先于被继承人死亡的，由被继承人的兄弟姐妹的子女代位继承。

代位继承人一般只能继承被代位继承人有权继承的遗产份额。

温馨提示

法律规定表明代位继承发生在被继承人的子女先于被继承人死亡的情境下，而这其中还有一个隐含的前提条件，即继承人享有继承权。如果继承人丧失了继承权，那么其晚辈直系血亲就无法继承该项权利，也就无法以继承的方式代位继承遗产。但是，被继承人设立遗嘱或者将财产赠与继承人的晚辈直系血亲的除外。

自测小题

选择：常某因故丧失继承权，他去世后，女儿（已成年）一直和爷爷相处得很好。那么，常某的父亲死亡后，常某的女儿可以代位继承遗产吗？[1]（　）

A. 可以　　　　B. 不可以

叔叔的遗产，侄女有继承权吗？

案例实录

去年6月，陈老因病去世，享年95岁。陈老去世后，其丧事是侄女陈某一人操办的。说起陈某，亲戚朋友无不对她竖起大拇

① 解答：B。

指，都夸她心地善良。早年，陈老的妻儿、父母相继去世，只剩下陈老一人，陈某见叔叔没人照顾，想到叔叔没少帮自己家，便决定从此照顾陈老的饮食起居，让叔叔的晚年过得舒适一点。后来，陈某的父亲去世，陈某更是对陈老视为亲长，照顾有加。如今，陈老因病去世，留下了一笔财产，无人继承。那么，陈某有权继承这笔财产吗?

律师分析

《民法典》第一千一百二十七条规定："遗产按照下列顺序继承：(一) 第一顺序：配偶、子女、父母；(二) 第二顺序：兄弟姐妹、祖父母、外祖父母。继承开始后，由第一顺序继承人继承，第二顺序继承人不继承；没有第一顺序继承人继承的，由第二顺序继承人继承……"《民法典》第一千一百二十八条规定："被继承人的子女先于被继承人死亡的，由被继承人的子女的直系晚辈血亲代位继承。被继承人的兄弟姐妹先于被继承人死亡的，由被继承人的兄弟姐妹的子女代位继承……"也就是说，遗产应当按照一定的顺序继承，被继承人没有子女、配偶、父母或者以上继承人放弃继承的情况下，才会由第二顺序的兄弟姐妹、祖父母、外祖父母继承遗产。同时，如果被继承人的兄弟姐妹先于被继承人死亡的，由被继承人的兄弟姐妹的子女代位继承。

在上述案例中，陈老的妻儿、父母已死亡，只有哥哥一个继承人，也就是陈某的父亲。但陈某的父亲已经先于弟弟去世，那么陈某就可以代位继承陈老的遗产。也就是说，陈某有继承陈老遗产的权利。

法条链接

《中华人民共和国民法典》

第一千一百二十七条　遗产按照下列顺序继承：

（一）第一顺序：配偶、子女、父母；

（二）第二顺序：兄弟姐妹、祖父母、外祖父母。

继承开始后，由第一顺序继承人继承，第二顺序继承人不继承；没有第一顺序继承人继承的，由第二顺序继承人继承。

本编所称子女，包括婚生子女、非婚生子女、养子女和有扶养关系的继子女。

本编所称父母，包括生父母、养父母和有扶养关系的继父母。

本编所称兄弟姐妹，包括同父母的兄弟姐妹、同父异母或者同母异父的兄弟姐妹、养兄弟姐妹、有扶养关系的继兄弟姐妹。

第一千一百二十八条　被继承人的子女先于被继承人死亡的，由被继承人的子女的直系晚辈血亲代位继承。

被继承人的兄弟姐妹先于被继承人死亡的，由被继承人的兄弟姐妹的子女代位继承。

代位继承人一般只能继承被代位继承人有权继承的遗产份额。

温馨提示

侄子（女）、外甥（女）代位继承问题为民法典新增的内容，旨在保障家族财产的传承与稳定，有助于和谐家风的建设与亲情的稳固。值得注意的是，此代位继承不同于子女代位父母继承祖父母辈的遗产，在没有第一顺位继承人的情况下才会发生。

自测小题

判断：小熊的舅舅去世后，其作为代位继承人可以和舅舅的女儿一起继承遗产。[1]（ ）

资助人死亡，受资助人可以分得遗产吗？

案例实录

秦某是一家企业的总经理，平时非常热衷公益事业。秦某上大学时就开始资助孤儿。最近，秦某又资助了一名4岁的孤儿，该孤儿的生活费用一直由秦某承担。一天，秦某突然患病去世。那么，这名孤儿可以要求分得秦某的遗产吗？

律师分析

这名孤儿可以分到适当的遗产。根据《民法典》第一千一百三十一条的规定，对继承人以外的依靠被继承人扶养的缺乏劳动能力又没有生活来源的人，可以分给他适当的遗产。本案中，秦某所资助的儿童是孤儿且是未成年人，没有劳动能力和生活来源，其情形符合《民法典》的上述规定，因此可以分到适当的遗产。

法条链接

《中华人民共和国民法典》

第一千一百三十一条　对继承人以外的依靠被继承人扶养的

---

① 解答：错误。

人，或者继承人以外的对被继承人扶养较多的人，可以分给适当的遗产。

温馨提示

《民法典》关于酌分遗产人员范围的规定体现了法律的“合情理”。依靠被继承人扶养的缺乏劳动能力和生活来源的人，一旦失去被继承人的照顾，将无法生存，法律因此规定其可以不以继承为依据而适当分得遗产。至于其具体分得的数额，还应当综合考虑该被扶养人的实际生活需要。

自测小题

选择：黄某生前一直在资助某校的贫困生上学，并与学校签订了10年的资助协议。去年黄某去世，黄家失去了经济来源，他们还有义务资助该校的贫困生吗？① （　）

A. 协议未到期，黄家应当继续履行资助义务

B. 黄某已经死亡，黄家可以不再履行资助义务

主动赡养孤寡老人可以适当分得遗产吗？

案例实录

居民柳某无儿无女，丈夫早逝，仅靠自己卖冰棍挣钱度日。不幸的是，柳某突然患了重病，生活不能自理。邻居王某平素与她关系较好。柳某患病后，王某日夜看护，悉心照料，但未能从

① 解答：B。

死神手里把柳某拉回来。柳某去世后，留有一间私房和一些杂物。那么，王某能否分得柳某的遗产？

律师分析

王某可以分得老人的遗产。根据《民法典》第一千一百三十一条的规定，继承人以外的对被继承人扶养较多的人，可以分给适当的财产。也就是说，继承人以外的人履行赡养义务是获得遗产的实质要件。本案中，王某照顾了柳某，根据相关的法律规定，可以分得柳某的遗产。

法条链接

《中华人民共和国民法典》

第一千一百三十一条　对继承人以外的依靠被继承人扶养的人，或者继承人以外的对被继承人扶养较多的人，可以分给适当的遗产。

温馨提示

一般情况下，公民愿意将自己的财产遗留给自己的父母、配偶、子女，或者自己的亲朋好友，很少有人愿意将财产赠与这些人以外的人。但是，当遗嘱人没有继承人或者继承人未对遗嘱人尽赡养、扶养义务，而继承人以外的人对遗嘱人扶养较多，那么，遗嘱人很可能将自己的财产赠与他们。即使遗嘱人没有设立这一赠与条款，但法律为了弘扬社会风气，督促子女履行赡养义务，也明确规定对被继承人扶养较多的人可以依法适当分得遗产。

自测小题

填空：无人继承又无人受遗赠的遗产，归____所有，用于公益事业；死者生前是集体所有制组织成员的，归______所有。①

继承遗产就必须承担被继承人所负的债务吗？

案例实录

肖某常年在外地做生意，积攒了一些钱，在某市有两处房产。某日，肖某从外地回家的途中，不幸遭遇车祸，当场身亡。办理完肖某的后事，肖某的儿子在处理父亲留下的遗产时才发现，父亲因做生意还欠下了不少债务。那么，如果肖某的儿子继承父亲的遗产，他是否应偿还其父所负的债务呢？

律师分析

肖某的儿子如果继承遗产，就要一并继承其父的债务。《民法典》第一千一百六十一条规定，继承人在继承遗产时，需要清偿被继承人依法应当缴纳的税款和债务，缴纳税款和清偿债务以他的遗产实际价值为限。超过遗产实际价值部分，继承人自愿偿还的不在此限。据此，本案中肖某之子如果要继承遗产，就必须负责偿还其父生前所欠债务。

① 国家；所在集体所有制组织。

法条链接

《中华人民共和国民法典》

第一千一百六十一条　继承人以所得遗产实际价值为限清偿被继承人依法应当缴纳的税款和债务。超过遗产实际价值部分，继承人自愿偿还的不在此限。

继承人放弃继承的，对被继承人依法应当缴纳的税款和债务可以不负清偿责任。

温馨提示

依据权利义务的对等性，继承人依法享有继承权，继承被继承人的遗产，那么其也应当对被继承人生前所负的债务和应当缴纳的税款承担清偿责任。这就是民间所谓的“父债子还”的法律解释。当然，如果应清偿的债务和缴纳的税款，超出了继承人继承遗产的实际价值，那么法律也不强求继承人偿还。也就是说，继承人只在其继承遗产的实际价值范围内承担清偿责任。

自测小题

选择：若继承人想放弃继承，在什么时候作出放弃继承的表示才有效?①（　）

A. 继承开始后

B. 继承开始后，遗产分割前

C. 任何时候

① 解答：B。

放弃遗产继承，被继承人所负债务由谁偿还？

案例实录

胡某的父母在胡某很小的时候就离婚了，胡某长期跟随母亲生活。胡某的父亲去世后，胡某在开始继承前，明确向其姐姐、弟弟和族中的长辈表示放弃继承。请问放弃继承后的胡某还需要偿还父亲生前所欠的债务吗？

律师分析

胡某不需要偿还父亲生前所欠的债务。根据《民法典》第一千一百六十一条第二款的规定，已明确表示放弃继承权的，对被继承人生前依法应当缴纳的税款和债务可以不负清偿责任。本案中，胡某在继承开始前明确表示放弃继承，因此可以不偿还其父生前所负的债务。

法条链接

《中华人民共和国民法典》

第一千一百二十四条第一款　继承开始后，继承人放弃继承的，应当在遗产处理前，以书面形式作出放弃继承的表示；没有表示的，视为接受继承。

第一千一百六十一条第二款　继承人放弃继承的，对被继承人依法应当缴纳的税款和债务可以不负清偿责任。

温馨提示

按照我国传统思想，一般都认为“父债子还”，实际上并非如此。债权债务具有附属性，其针对的是债权债务人本人，除非当事人作出明确的意思表示，否则，债务不发生转移。而根据权利与义务的对等性，享有权利就应当承担相应的义务。如果继承人依法继承了被继承人的遗产，其应当在继承遗产的实际价值范围内对被继承人生前所负的债务承担清偿责任。而继承人明确表示放弃继承的，其也就不负有债务偿还责任。

自测小题

选择：既有法定继承、遗嘱继承，又有遗赠的，由谁负责清偿被继承人的债务?[①]（ ）

A. 由法定继承人、遗嘱继承人、受遗赠人平均分担

B. 由法定继承人和受遗赠人在所得遗产范围内清偿；超出部分，由遗嘱继承人在所得遗产范围内清偿

C. 法定继承人在继承遗产的实际价值范围内清偿；超出部分，由遗嘱继承人和受遗赠人按比例以所得遗产清偿

① 解答：C。

图书在版编目（CIP）数据

民法典婚姻继承法律常识小全书：案例自测实用版 / 全民普法图书中心著．—北京：中国法制出版社，2021.5（2022.10重印）
（生活中的法律常识系列）
ISBN 978-7-5216-1571-5

Ⅰ.①民…　Ⅱ.①全…　Ⅲ.①婚姻法-中国-通俗读物②继承法-中国-通俗读物　Ⅳ.①D923-49

中国版本图书馆 CIP 数据核字（2021）第 018055 号

策划编辑：胡艺　　责任编辑：胡艺　周熔希　　封面设计：李宁

民法典婚姻继承法律常识小全书：案例自测实用版
MINFADIAN HUNYIN JICHENG FALÜ CHANGSHI XIAOQUANSHU：
ANLI ZICE SHIYONGBAN

著者/全民普法图书中心
经销/新华书店
印刷/北京虎彩文化传播有限公司
开本/880 毫米×1230 毫米　32 开　　印张/6.5　字数/104 千
版次/2021 年 5 月第 1 版　　2022 年10月第 3 次印刷

中国法制出版社出版
书号 ISBN 978-7-5216-1571-5　　定价：29.80 元

北京西单横二条 2 号
邮政编码 100031　　传真：010-66031119
网址：http://www.zgfzs.com　　编辑部电话：010-66038703
市场营销部电话：010-66033393　　邮购部电话：010-66033288

（如有印装质量问题，请与本社印务部联系调换。电话：010-66032926）